品读百科 Pindu Ba

Shenqi Shijie Quanzhidao

# 神奇世界全知道

## 动物奥秘 植物王国

主编：崔钟雷

北方联合出版传媒（集团）股份有限公司
万卷出版公司

# 前言

絢烂的大千世界带给我们无限精彩的同时也让人产生无尽的疑惑，比如，神秘的宇宙究竟是怎样形成的？我们美丽的地球家园是不是宇宙中唯一有生命的星球？千奇百怪的动物和植物又有哪些特征？一个个问号时刻萦绕在我们的脑海中，因为这个世界上还有太多我们无法解答的问题。对于有着强烈求知欲望的青少年来说，世界越是充满未知，他们的好奇心就会变得越强。

梁启超说：少年强则国强。青少年承担着振兴祖国的历史重任，他们的知识积累和文化层次决定了我们民族未来的文化底蕴和发展历程。所以为他们打开知识的大门，放飞他们想象的翅膀是我们的职责和心愿，将宇宙天地间的万千奥妙汇集成书，引领青少年探索知识的海洋就是我们毕生努力的目标。

我们希望，每个孩子都能够在阅读中亲自找到问题的答案，我们也希望看到每个孩子在接受知识的灌溉后露出天真灿烂的笑容。

有鉴于此，我们精心编纂了这套《品读百科》系列

品读百科
Pin Du Ke

神奇世界全知道
（动物奥秘 植物王国）
Shenqi Shijie Quanzhidao

丛书，其中包括《绝美的地球奇观胜景》、《神奇世界全知道》和《奥秘天下百科全书》，收录当今世界的最新的科技动态和文化前沿，力求将知识的趣味性、实用性、时代性等特点充分融合，奉献给孩子最新颖、最全面、最准确、最时尚的知识信息。

　　本书摆脱了传统的文字叙述方式，代以精美的实景图片和通俗易懂的图解注释，秉承创新和打造经典的图书理念，深入浅出地介绍每一个知识点，是一部极具实用价值和阅读趣味的图书。现在就让我们打开这套图书，叩响知识的大门，准备扬帆远航吧！

编　者

# 目录 · CONTENTS >>>

## 植物王国

# 目录·CONTENTS >>>

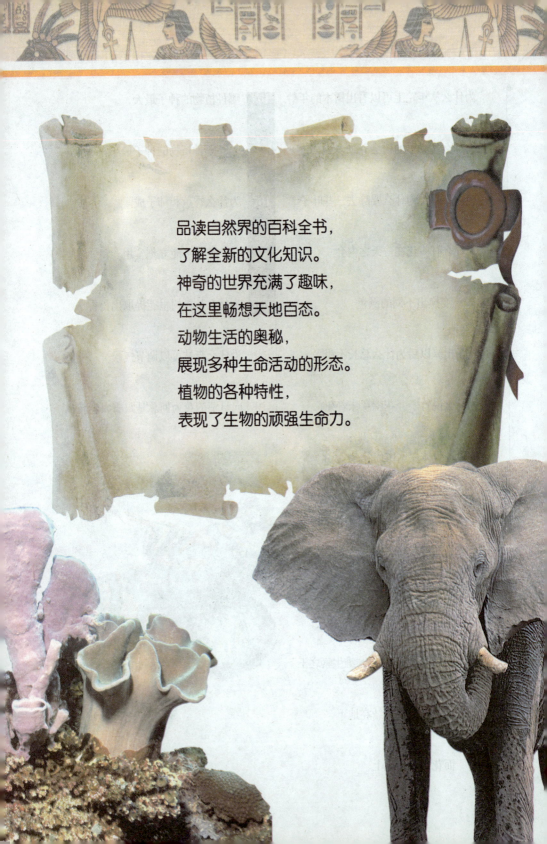

品读自然界的百科全书，
了解全新的文化知识。
神奇的世界充满了趣味，
在这里畅想天地百态。
动物生活的奥秘，
展现多种生命活动的形态。
植物的各种特性，
表现了生物的顽强生命力。

品读百科

*Shenqi Shijie Quan Zhidao*

神奇世界全知道
（动物奥秘 植物王国）

1

动物奥秘

*Dong wu Ao mi*

# 动物是怎样分类的呢
## PINDUBAIKE

美丽的大自然中，广泛分布着种类繁多、形形色色、千姿百态的生物。根据科学家们估计，自然界中的生物物种大约有 2 000 万～5 000 万种之多。目前，人们已发现的物种有 200 多万种，其中动物有 150 余万种。科学家为了便于研究和利用丰富多彩的生物世界，根据生物物种之间相同、相异的程度，以及它们亲缘关系的远近，按照不同的等级特征，将它们逐级分类。

动物的分类等级由小到大依次是种、属、科、目、纲、门、界。已知的任何一种动物都有相应的门属，如虎属于动物界、脊索动物门、哺乳纲、食肉目、猫科、豹属，种名为虎；知了属于动物界、节肢动物门、昆虫纲、同翅目、蝉科、蝉属，种名为蚱蝉。同时每一种动物都有一个学名，是由拉丁文写成的，它由属名和种名组成。这种命名方式是由林耐创立的，称为二名法。

科学家将动物界划分为 30 多个门，其中主要的动物门有原生动物门、腔肠动物门、扁

蜥蜴是蜥蜴亚目爬虫类的统称。蜥蜴亚目在全世界约有 6 000 种，分为 20 科，已知我国有蜥蜴约 150 种。

◀丹顶鹤是鹤类中的一种，为东亚地区特有物种，是吉祥、长寿的象征。

▲土拨鼠又叫旱獭，是啮齿目松鼠科的一种，主要分布于北美洲。

形动物门、线形动物门、环节动物门、软体动物门、节肢动物门、棘皮动物门和脊索动物门。它们有着各自的定义和特征。原生动物门：最简单最微小的动物，身体由一个细胞组成。其中有一些可导致人类疾病，如可导致疟疾的疟原虫、可导致痢疾的阿米巴原虫、可导致滴虫病的滴虫等；还有一些被人类用来监测水质，作为水污染的标志物，因为在有不同污染物和污染程度的水体中，原生动物的种类和数量会有差异。腔肠动物门：一般人们很少能见到这类动物的活体，如珊瑚、海蜇等都是腔肠动物。扁形动物门：这类动物的身体扁平，体壁由三层结构组成。扁形动物中有许多是寄生种类，它们常寄生在人体或动物体内，如猪肉绦虫、血吸虫。线形动物门：线形动物的身体呈圆筒状，有许多属寄生类，如蛔虫、蛲虫、丝虫等，它们可导致寄生虫疾病。环节动物门：这类动物的身体由许多环节构成，如蚯蚓、水蛭等。软体动物门：它们的身体柔软，体外常有贝壳保护，如河蚌、田螺等。节肢动物门：它们的身体大体可分为头、胸、腹三部分，其附肢分节，常见的有虾、蟹、蜘蛛、蜈蚣、蝗虫等。棘皮动物门：常见的有海星、海参等。脊索动物门：这类动物是动物界最高等的一门，该门包括龟、蛙、壁虎、鸟、兽等。

**知识宝库**

动物分类学是动物学的一个分支学科。它主要研究动物的种类、种类之间的亲缘关系、动物界起源和演化等。

P I N D U B A I K E

# 动物冬眠的秘密是什么

冬天一到，刺猬就缩进泥洞里，蜷着身体，不食不动。此时它的呼吸极其微弱，心跳也慢得出奇，每分钟只跳 10~20 次。如果把它浸到水里，半个小时也死不了。可是一只醒着的刺猬，浸在水里两三分钟，就会被淹死。

▲一般来说，蛇的冬眠期为三个月，这段时间它不吃不喝，主要依靠体内的营养物质维持生命。

冬眠时，动物的神经已经进入麻痹状态。有人曾用蜜蜂进行试验，当气温在 7℃~9℃ 时蜜蜂的翅和足就停止了活动，但轻轻触动它时，它的翅和足还能微微抖动；当气温下降到 4℃~6℃ 时，再触动它却没有丝毫的反应，显然它已进入了深沉的麻痹状态。由此可见，动物冬眠时神经的麻痹程度和温度有密切关系。

冬眠时，动物体温显著下降，身体内的新陈代谢变得非常缓慢，仅仅能维持它的生命。而且一般动物在冬眠前的脂肪比平时增加 1~2 倍。这样不仅可以保持体温，更重要的是供给它们冬眠时体内的消耗。动物冬眠以后，体重就会逐渐减轻。如冬眠 163 天的土拨鼠，体重会减轻 35% 左右；冬眠 162 天的蝙蝠，体重可以减轻 33.5% 左右。

那么，为什么每年到特定的时候，动物就会进入冬眠状态呢？

科学家从人工条件下进入冬眠的黄鼠身上抽出血液，注射到活蹦乱跳的黄鼠静脉里，结果，它像被麻醉了一样，很快进入昏睡的冬眠状态。

看来，在冬眠动物的血液中，可能含有一种可以诱发冬眠的物质。实验还表明，冬眠时间越长的动物，其血液中的这种物质诱发冬眠的作用越强烈。

这种诱发物质是什么呢？据研究，它是一种存在于血清中的颗粒状物质，

熊冬眠的洞穴一般选在向阳的避风山坡或枯树洞内。除冬眠期外，熊没有固定的栖息场所。

有时这种物质也会黏附到红细胞上,因而使红细胞也有了诱发冬眠的作用。

奇怪的是,科学家还发现,在冬眠动物的血液中,还存在着另一种与冬眠物质相对抗的物质。当这种物质在血液中达到一定量时,就会使冬眠的动物苏醒过来。

这样看来,动物何时开始冬眠,不仅取决于诱发物质,而且也取决于诱发物质和抗诱发物质比例的变化。科学家推断,冬眠动物可能一年到头都在"制造"诱发物质,而该诱发物质可能是在进入冬眠后开始产生的,并且其产量是直线上升,直到春暖花开才逐渐减少。当抗诱发物质在血液中的浓度足以控制诱发物质的时候,动物就会从冬眠中苏醒过来……

至今,人们仍然未完全揭开动物冬眠的奥秘,探索还在继续进行。

生活于北方寒冷地区的熊有冬眠习性,而位于亚热带和热带地区的黑熊往往不冬眠。熊在冬眠过程中如果被惊动,它会立即苏醒,偶尔也会出洞活动。

## 为什么动物有各种各样的尾巴

P I N D U B A I K E

▲鲸的尾鳍可决定运动方向，若失去尾巴，鲸就不会转弯。

▲白孔雀全身洁白无瑕，连尾部羽毛都没有杂色，是国家二级保护动物。

不同的动物长有不同的尾巴，它们的大小、形状有巨大的差别，为什么会形成形态各异的尾巴呢？原来，那是动物为了适应周围的生活环境，更好地生存，才演变出各种形态的尾巴，而且，不同的尾巴还具有各自不同的作用。

大多数鱼类为了适应水中生活，尾巴的形状都有点像扇子，当鱼用力摆动尾巴时，好像推进器一样，推动身体向前游。同时，鱼类的尾巴还能够控制方向，起着舵的作用。

袋鼠的尾巴用处很大，运动时能使身体保持平衡，休息时，大尾巴支在地上，与两条后腿组成一个三角支架，稳稳地支撑住身体。

生活在南美洲热带森林中的蜘蛛猴，有一条比身体还长的尾巴，用处比四肢还大，因此人们把它的尾巴称为"第五只手"。吃东西时，蜘蛛猴用长尾巴把身体稳稳悬在树枝上，四肢并用地进餐。休息时，它常常倒挂在树上睡觉，即使睡熟了，也不会从树上掉下来。蜘蛛猴在树与树之间跳跃游荡时，具有极强卷握力的尾巴发挥着极大的作用。

号称"百兽之王"的老虎，除了有尖牙利齿之外，身后那条又粗又长的尾巴，是它另一个有力的武器。当老虎攻击猎物扑空时，会抡动像钢鞭似的尾巴扫向对方，把猎物击倒。

平时，我们看见马不停地甩动它的长尾巴，仿佛在做毫无意义的动作。其实，马经常受到蚊蝇的骚扰，甩动长尾就是为了赶走那些讨厌的小昆虫。

松鼠有条特别大的尾巴，它尾巴的作用就更多了。由于松鼠经常在树上跳来跳去,很容易从高高的树上摔下来,有了这条大尾巴起平衡作用,它就安全多了。如果不留神摔下来,大尾巴上的毛会蓬松散开,好像一顶降落伞,使下落速度大大减慢,避免受伤。在寒冷的冬天,松鼠夜晚在树洞里睡觉,蜷起身子缩在大尾巴底下,这样,大尾巴又成了御寒保暖的"被子"。最近科学家还发现,松鼠互相摆动尾巴做出不同的动作,还是它们互相交流的"语言"呢。

**知识宝库**

壁虎的尾巴又细又长,壁虎可以用它自卫。当壁虎受到敌害袭击时,可以将尾巴脱断,迷惑敌人,从而得以逃脱。

雪豹身上的黑斑宽而大,至尾端最为明显,尾尖呈黑色。

柔软的尾巴
雪豹的尾巴长而柔软,长度约为80~90厘米,有的雪豹尾巴甚至比身子还长。

# 为什么要保护珍稀野生动物

PINDUBAIKE

▲鲨鱼翅味美且营养丰富，以获得这种高级食材为目标的狂捕滥杀已导致8种鲨鱼濒临灭绝。

▼长颈鹿是世界上身体最高的珍奇动物，最高的雄长颈鹿身高可达6米。

现在很多人都知道保护大熊猫、金丝猴等珍稀野生动物，而且非法捕杀国家重点保护的野生动物是要被追究刑事责任的。憨态可掬的大熊猫、凶猛的老虎、其貌不扬的蟒和扬子鳄等都是国家重点保护动物。但是为什么要保护它们呢？是不是因为它们的样子可爱，可供我们欣赏呢？答案当然不是。

要保护这些珍稀动物，首先是因为它们已濒临灭绝。据有关资料记载，近2 000年来全世界已经灭绝了上千种野生动物，其中16世纪以来就灭绝了鸟类150种、兽类95种、两栖爬行类80种，而且由于人为的干扰和自然环境的改变，其灭绝速度已越来越快。以兽类为例，17世纪平均每5年灭绝一种，到20世纪每2年就灭绝一种。目前，濒临灭绝的野生动物已达1 700多种，其中鸟类就有1 000多种、兽类300多种、两栖爬行类138种、鱼类193种。环境污染了，可以通过治理，使之恢复原状，而物种一旦灭绝，却是不会复生的。人类许多发明创造的灵感都来自于自然界的生物，例如蜂房的结构、鸟类的飞行等。而人类防病治病的药物有半数是从野生动物和植物中发现并提炼出来的，且许多药物目前还没有替代品，如生产小儿麻痹疫苗要利用猴子的肾脏。如果这些生物灭绝了，对人类来说将是无法弥补的巨大损失。由于科学发展水平的限制，目前我们还不能了解每个物种的用途和价值。但多保存一

▲大熊猫是世界稀有的物种，它们大都生活在我国青藏高原东部的温带森林里，被誉为"动物中的活化石"。

个物种，就是为子孙后代多保存一份有用的财富。物种资源的急剧减少和灭绝以及自然环境的恶化，严重影响了自然生态的平衡，致使害虫、鼠类因缺乏天敌控制而大量繁殖，使森林、草原和农田受到越来越严重的危害，而这些也正在危及人类本身的利益和生存。因此，保护珍稀动物，不仅是保护动物物种的丰富多样，也是保护人类自己。此外，研究这些动物对于了解自然环境形成的历史背景及环境的质量标准也有重大的价值。

保护珍稀动物已经成为全球性的行动，我国于1980年加入了《濒危野生动植物种国际贸易公约》。这是一项功在当代、利在千秋的事业，我们每一个人都有责任自觉地保护珍稀野生动物，使它们不受伤害。

**知识宝库**

野生动物是我国一项宝贵的自然资源，长期以来由于多方面的原因，这项自然资源面临枯竭的危险。保护及合理利用这项资源，对维护自然生态平衡，开展科学研究，发展经济、文化、教育、医药、卫生等事业都有着重要意义。

# 昆虫有耳朵吗

## PINDUBAIKE

昆虫到底能不能听到外界声音呢？曾有人为此进行了一次实验：人们将两门土炮放置在树下，在蝉叫声最响亮时点燃土炮发出巨响，可蝉却像没听见似的，依然在那里高声鸣叫。那时人们由实验得出的结论是：昆虫听不到声音。

果真如此吗？其实，昆虫能听到声音，只不过它们的听力范围与人类不同罢了。昆虫的耳朵形状各异，且位置也不固定。最简单的昆虫耳朵呈毛状，由一个神经细胞和刚毛组成，

昆虫的耳朵，听觉非常灵敏。但昆虫的耳朵只能分辨声音节奏的韵律，却分不清曲调的旋律。

刚毛受空气振动而弯曲时刺激神经细胞，将冲动传到中枢神经。此外，还有一种昆虫耳朵叫鼓膜听器，由一个凹入体壁的窝及其表面覆盖的薄膜和内部的剑鞘感受器组成，鼓膜振动刺激剑鞘感受器，冲动通过神经传到中枢产生听觉。

蝉的耳朵在腹部第二节附近，由厚的鼓膜和 1 500 个

剑鞘感受器组成。雄蚊和蚂蚁的听觉器在触角上，叫琼氏器。在雄蚊的琼氏器中有 30 000 个感觉细胞，对 350~550 赫兹的声波反应最敏感。蝗虫的耳朵躲在第一腹节两侧，由鼓和 60~80 个感觉细胞组成，蝗虫只有在飞行时才将耳朵露在外面，此时接收声音的能力才敏感。夜蛾的听器能感受超声波，使它避开蝙蝠的捕食。蟋蟀的听器位于前足胫节上，呈卵圆形或缝隙状，由鼓膜和 100~300 个感觉细胞组成。

人们知道昆虫能听到声音和它们接收声音的范围后，便开始研究利用不同频率的声音对害虫进行防治，以减少危害。

蜻蜓复眼突出，触角小而不明显。

蜻蜓的卵是在水里孵化的，蜻蜓点水实际上是在产卵。雌蜻蜓在飞翔时用尾部碰触水面，把卵排出。

蜻蜓翅膀长而窄，膜质脉络清晰。翅顶处的"翅痣"，起着平衡飞行的作用。

**知识宝库**

高级动物的耳朵一般都对称地长在头部的两侧。而昆虫的耳朵特别奇怪，它们不是长在头上，而是长在身上：有的长在胸部，有的长在腹部，有的长在触角上，还有的长在小腿上。

# 蜘蛛是昆虫吗

## PINDU BAIKE

笑脸蜘蛛，是美国夏威夷一种身上长有笑脸花纹的蜘蛛，无毒。科学家认为这个独特的图案是用来威吓其他猎食者的。

有些蜘蛛，如狼蛛身上长着像狼毫一样的毛，这些毛是专门用来防卫某种动物的。

蜘蛛结成的网就像一个空中过滤器，陷捕那些未注意到细丝且飞行力不强的昆虫。

无论是南方还是北方，我们都可以看见蜘蛛的踪迹。它们常常把网织在偏僻的角落，捕食一些昆虫。大部分人都认为蜘蛛是昆虫中的一种，那么这种观点是正确的吗？

从汉字的偏旁部首看，"蜘蛛"两个字都带有"虫"这个部首，仿佛是在暗示蜘蛛就是一种昆虫，而实际上，蜘蛛并不是昆虫。比如我们常见的蚯蚓是环节动物门中的一类；蜈蚣是节腔动物门中多足纲中的一种；而蜘蛛则是节肢动物门中的蛛形纲中的一种。昆虫虽属节肢动物门，但是它属于昆虫纲。为什么看起来像昆虫的蜘蛛等动物却不是昆虫呢？

在动物的类群中，节肢动物是种类最多、数量最大、分布范围最广、与人的关系最密切的一个类群。它可分为几大类：主要为蛛形纲如蜘蛛、蝉、螨等；昆虫纲如蝗虫、蜜蜂等；甲壳纲如虾、蟹等；多足纲如蜈蚣等。

昆虫纲中的动物占整个动物界动物种类的2/3以上。它

蜘蛛的口器由螯肢、触肢茎节的颚叶以及上、下唇组成，具有毒杀、捕捉、压碎食物的功能。

有些蜘蛛的跗节爪下，有由粘毛组成的毛簇。结网的蜘蛛跗节处有爪状刺，称为副爪。

蜘蛛腹部不分节，有消化系统、心脏、生殖器官和丝腺。

们的共同特征包括：身体分头、胸、腹三个部分；身体由许多环节组成；身体表面包着一层坚韧的外壳。昆虫的头部有1对触角、1对复眼、3个单眼还有"口器"。胸分前胸、中胸、后胸3节；有3对足、2对翅。腹部有气门和外生殖器。

昆虫一般都是以上述特征为标准确定的。有一些昆虫在复杂的生活环境下，可能会发生一些变化，一般表现为部分器官的退化。如跳蚤的翅膀就退化了，但其他特征仍与昆虫的特征相符。

蜘蛛的身体只分为两部分：头、胸合为一部分，另一部分是腹部。蜘蛛没有触角、翅膀，有4对足。这些特征与昆虫并不一致，所以它不属于昆虫类。此外，螨虫也是蛛形纲中的动物而不是昆虫。

自然界中的动物分类是有科学依据和一定标准的，并不能单凭外表相似或动物所拥有的似是而非的名称来将其归类。蜘蛛多为农业害虫的

天敌。蜘蛛中个体最大的是捕鸟蛛，其体长可以达到10厘米，它织的网可承受33克物体的重量。因此它的网中不仅有小鸟，还有蛙、蜥蜴等小动物，它能分泌毒液，将落网的动物毒死，然后再把这些动物慢慢吃掉。

**知识宝库**

捕鸟蛛是蜘蛛中的"巨人"，大小与人的拳头相当（5~15厘米），四足外展时体宽可达25~30厘米，最大的捕鸟蛛体长可达到25厘米。捕鸟蛛因其"庞大"的身躯可以捕食一些小型的鸟类。

# 装死和真死的昆虫有什么区别

PINDUBAIKE

在自然界中，各物种间的竞争极其激烈，在长期优胜劣汰的自然法则下，动物进化出不同的自保方式，有些弱小的昆虫练就了装死的技能。有一种专吃叶子的甲虫，因为这种甲虫的成虫其外壳大多闪耀着金属般的光泽，所以人们称其为"金花虫"。当它们受到外界的刺激时，就会将所有的足全部缩回，紧紧地贴在身体两侧，一动不动地倒在地上，或从树上、叶子上滚落到地面，造成一种假死状态。等到危险过后，它们又会重新飞到其他地方。

在麦田里，只要稍微碰一下麦叶，某些停在麦叶上的虫子就会缩紧身子，骨碌一下滚到地上装死。那么，如何区别装死和真死的昆虫呢？

昆虫装死是因为它们在受到外界的突然刺激时，其体内会分泌出一些物质，刺激它们作出这种反应。通常情况下，当昆虫感觉到周围光线、气流等环境发生变化时，会作出一种简单的反应，原来停在植物上的足就缩起来，紧贴在身体两侧，这样就无法再停在树上或叶子上，于是便滚落到地面上。其实，昆虫装死是一种为适应生存环境而形成的自我保护方式。当一些以昆虫为食的鸟类落在树上准备捕捉它们时所引起的气流变化会刺激这些昆虫，令昆虫突然收缩足肢，滚落下地，产生装死的应激反应。与此同时，地面上的杂草和枯枝败叶等会为这些昆虫提供良好的隐蔽条件。可见，昆虫假死是为了欺骗天敌，躲避危险。如果注意观察会发现，真死的昆虫的足都是舒展的，而装死的昆虫的足都紧紧地收缩着。由此便可以区别装死和真死的昆虫了。

会装死的昆虫中有许多

▼假死性是指昆虫受到某种刺激或震动时，身体蜷缩，静止不动，或从停留处跌落下来呈假死状态，稍停片刻即恢复正常而离去的现象。

是农业害虫，它们会毁坏农作物的叶子、果实，当人或鸟雀对其进行捕捉时，它们会装死落在地上。因此，人们想出很多防治它们的方法。如危害树木和小麦、花生、玉米、高粱等农作物的害虫金龟子就有装死的特性，一旦受到刺激，就会全身不动。人们就利用它的这一特性，在夏天黄昏的时候，摇动树枝，树枝上的金龟子就会假死落在地上，人们再将这些金龟子收集到一起烧掉就可以了。这一方法也可以用于防治农林害虫——金花虫。

**知识宝库**

昆虫在自然生态中起重要作用。它们帮助细菌和其他生物分解有机质，有助于生成土壤。昆虫和花一起进化，因为许多花靠昆虫传粉。某些昆虫提供重要产品，如蜜、丝、蜡、染料、色素，因而对人类有益，但由于其取食各类有机物，所以会对农业造成巨大危害。

金龟子、象甲、叶甲、瓢虫和椿象的成虫以及黏虫的幼虫，当受到突然刺激时，常会身体蜷缩，静止不动。

假死是昆虫对付捕食者的一种条件反射。很多捕食者看到活动的目标才会发动攻击。昆虫有了假死的本领就不会受到捕食者的攻击了。

# 为什么昆虫会蜕皮

昆虫在生长过程中，都要经历几次蜕皮。昆虫表皮的主要成分是一种能溶解于水的、柔软的蛋白质。其中的一部分蛋白质在后来新分泌的一种化学物质作用下，变成了不溶解于水的、硬的蛋白质。于是，昆虫在蜕去旧皮后，柔软的新表皮很快便变硬了。

昆虫的表皮并不像人类的皮肤那样，而是一种细胞的分泌物，它不会随昆虫身体的增长而增长。当昆虫身体长大时，原有的表皮无法适应身体的增长，以至于阻碍昆虫的生长发育。此时，昆虫就会蜕去原有的旧皮，取而代之的是旧表皮下的新表皮。在昆虫蜕去旧皮前，新表皮已经长好。不过这层新表皮在旧表皮的包裹下，又皱又软。当旧表皮脱落，昆虫的身体舒展，将新表皮的皱纹撑开，一个平整崭新的表皮就形成了。这也是为什么昆虫在刚蜕完皮时，身体显得很软的原因。那为什么昆虫会蜕皮呢？

其实，昆虫蜕皮的现象是由于激素的作用产生的。昆虫的生长发育和行为都会受到激素的调节。人们通常将这些激素分为两大类，即内激素和外激素。内激素是指由昆虫体内的内分泌器官分泌的，对昆虫的生长、发育等生命活动起着调节作用的激素。内激素包含蜕皮激素、保幼激素和脑激素。蜕皮激素就是对昆虫的蜕皮活动进行调节的激素；保幼激素则是使昆虫保持幼虫的性状，抑制其出现成虫的性状的激素；脑激素是能够促使昆虫分泌蜕皮激素和保幼激素的激素。昆虫由卵发育到成虫的几个阶段，都是受脑激素、蜕皮激素和保幼激素的协调作用所控制的。

在昆虫生长的过程中，脑激素进入到前胸腺，促使其活动释放出蜕皮激素。蜕皮激素释放到体液里，与体液中的蛋白质结合，随着体液的流动而到达需要作用的部位，产生激素效应，即蜕皮。昆虫的蜕皮和发育为成虫的过程是由蜕皮激素和保幼激素共同作用的。

所以，昆虫的蜕皮现象是受激素调节而产生的。昆虫的生长发育更是由脑激素、保幼激素和蜕皮激素三者共同调节控制的，三者缺一不可。

**知识宝库**

昆虫蜕皮可以划分为蜕皮前期、蜕皮期和蜕皮后期三个时期。蜕皮是昆虫发育变态的重要过程之一，是昆虫个体生长所必需的生命过程。

# 为什么一些昆虫 具有惊人的力量

PINDUBAIKE

◄蝴蝶拥有惊人的力量，它们的前后翅能不同步地扇动，飞翔时波动很大。

在昆虫的世界中，许多昆虫具有不可思议的本领。例如：小小的跳蚤，奋力一跃的高度，居然能超过自己身高的200倍。还有蟋蟀和蝗虫，跳跃能力也十分出色。更令人惊讶的是，蚂蚁可以举起相当于自身体重52倍的物体。就连看上去纤弱的蝴蝶，有的也能像候鸟一样，迁飞时连续飞几百米或上万千米，甚至更远的路程。

昆虫之所以有如此惊人的力量，秘密就在于它们有特别发达的肌肉组织。根据科学家的研究，昆虫的肌肉不仅结构特殊，而且数量多。例如人类有600多块肌肉，而鳞翅目昆虫的肌肉，竟有2 000多块。

昆虫的肌肉除了能帮助它们跳高跳远外，还有助于它们远距离飞行。例如蜻蜓、蝴蝶、蜜蜂、飞蛾等，之所以能飞得很远，就是依靠它们胸背之间连接翅膀的那部分肌肉。

特别是蝴蝶，依靠发达的肌肉使翅膀上下拍击，带动身体前进、后退或转弯。当它停歇不飞时，也会不断拍扇翅膀，那是它利用肌肉运动使体温升高，以便随时能一跃而飞起。这就好像飞机在起飞前，发动机先要运转一阵一样。

知识宝库

"强大"的称号并不仅属于外表高大的生物，小小的昆虫也能表现出令人惊叹的实力。有些昆虫通常可以表现出惊人的力量、速度和耐力，这主要与昆虫肌肉的比例、代谢特点、外骨骼及体形较小有密切关系。

# 为什么蜻蜓的翅膀透明却不易折断

## PINDUBAIKE

蜻蜓在休息时，双翅平展两侧，或直立于背上。前翅和后翅并不相似，后翅常大于前翅。蜻蜓翅膀上的翅痣，可以起到减缓振荡的作用，进一步降低了快速飞行对翅膀的压力。

蜻蜓是昆虫中最杰出的飞行者。它与蜜蜂、蝉一样有两对翅膀。不过蜻蜓的飞行本领要比蜜蜂和蝉出色得多。蜜蜂和蝉在飞行的时候，四只翅膀是同时扇动的，而蜻蜓的翅膀却是分别扇动的。所以蜻蜓飞行时翅膀扇动的次数要少于其他昆虫，但速度却快得多。蜜蜂扇动翅膀的速度是 250 次／秒，可飞行 4.5 米；苍蝇扇动翅膀的速度是 100 次／秒，可飞行 4 米；而蜻蜓扇动翅膀的速度是 38 次／秒，飞行距离却可达到 9 米。

蜻蜓的飞行速度那么快，那么它那薄而透明的翅膀能承受住在空中震颤吗？

蜻蜓细长的身子，四只平展的、透明的翅膀，使它看起来很像一架小飞机。当蜻蜓追捕小飞虫时，它的速度还会大大超过 9 米／秒。如此高的飞行速度对它那看似柔弱的翅膀却毫无破坏力，其秘密就在于蜻蜓翅膀的前缘上方的"翅痣"。正是由于它使得蜻蜓的翅膀加重，才消除了高速飞行时所带来的震颤。

蜻蜓的"翅痣"给科学家带来启示。设计师在飞机机翼的前缘末端，设计添加了一块加重装置，从而消除高速飞行时给飞机机翼带来的震颤，避免了机翼折断的危险。

# 为什么萤火虫会发光
## PINDUBAIKE

萤火虫是一种有益的昆虫。我国古代把萤火虫叫做"夜照"、"熠熠"等,意思都是说它会发光。利用萤火虫的光照明,在科学不发达的古代,是很常见的,但萤火虫为什么会发光,人们却不知道。

萤火虫的光,有的黄绿,有的橙红,亮度也各不相同。如果我们把它们捉来放在小玻璃瓶里,仔细观察它们发光的特点就会发现:它们发光的部位是在腹部最后两节,这两节在白天是灰白色的,在黑夜才能发出光亮。光是通过透明的表皮而发出的,表皮下面是一些能发光的细胞,发光细胞的下面是另一些能反射光线的细胞,可以看到其中充满着小颗粒,称为线粒体。发光细胞还含有两种特别的成分:一种叫做荧光素,一种叫做荧光酶。荧光素和含能量的物质结合,在有氧气时,受荧光酶的催化作用,使化学能转化为光能,于是产生光亮。萤火虫常常一闪一闪地发光,是因为它能控制

对发光细胞的氧气供应的缘故。

萤火虫发光的颜色不同,是由于它所含的荧光素和荧光酶各不相同。萤火虫发光能够引诱异性和使同类聚集,我们常会看到捉到小玻璃瓶里的萤火虫能引诱较远处的萤火虫向小瓶飞来。

有趣的是,萤火虫不但成虫能够发光,它的卵、幼虫和蛹也都能发光呢!

**知识宝库**

萤火虫的发光器由发光细胞、反射层细胞、神经与表皮等所组成。反射层细胞能够将发光细胞所发出的光集中反射出去。

# 为什么枯叶蝶的翅膀

## 合拢后酷似枯叶

▲中华枯叶蝶产于中国南部及南亚地区,因酷似枯叶而闻名于世,是一种大型蛱蝶。

在神奇的自然界中,有一种名为枯叶蝶的蝴蝶。它的翅膀背面颜色很鲜艳,在空中飞行时显得十分漂亮。但当它落在树枝上休息时,蝴蝶的两只翅膀合拢,腹面向外,却显示出枯叶的模样,因为翅膀腹面的颜色几乎与枯叶完全一样,因此得名枯叶蝶。

为什么枯叶蝶翅膀合拢后会像枯叶一样呢?

枯叶蝶正是依靠这种独特的方式,才使它在树上不易被天敌发现。在生物学上,人们将这种在长期进化过程中形成的外表形状或色泽斑点与其他生物或非生物异常相似的状态称为"拟态"。生物对环境的适应性是一种生物界极其普遍的现象,拟态就是动物保护自身的一种表现。枯叶蝶最神奇的地方,就在于它翅膀腹面的花纹可以模仿所栖息树木上树叶的叶脉结构和花纹,而颜色更是与枯叶一般,翅膀边缘还有枯叶一样的锯齿。可以说,枯叶蝶的拟态程度已经达到了以假乱真的地步。

枯叶蝶的拟态行为是自然界中优胜劣汰的结果。枯叶蝶的祖先个体之间略有差异,有的稍微像枯叶一些,这样的个体不易被敌害发觉,更容易生存下来,那些不像枯叶的个体,则被天敌吃掉了。这样,生存下来的个体,把变异基因遗传给下一代,下一代中又有更像枯叶的个体,更不易被天敌发觉,因而再被保留下来,而那些和枯叶相似程度小的个体又被淘汰了。经过漫长的演化过程,这种特征得到积累和加强,就进化出像现在这样酷似枯叶的枯叶蝶了。

有些昆虫除了在体色、体态上与其生活的环境一致外，还能够充分运用光学原理。它们有着深浅断开的花纹，从而使身体的轮廓断开，利用太阳光与阴影交织的环境令天敌产生错觉，进而使得天敌很难发现它们。拟态是昆虫自我保护策略中的一种，这一策略适合于在白天活动的、生活在具有充足光线的环境中的昆虫。

除枯叶蝶外，自然界中还有一种"拟态高手"——竹节虫。它生活在竹林中，以竹叶为食。竹节虫的形状像竹节或树枝，而且颜色也会随时间的变化而变化，它在白天时体色较浅，夜晚时体色较深。这是因为竹节虫表皮细胞中的色素颗粒能在激素的控制下产生运动，使虫体表面的颜色随之变深或变浅。

知识宝库

枯叶蝶是蝶类中的拟态典型。枯叶蝶的数量极少，多生活于山崖峭壁以及葱郁的杂木林间，栖息于溪流两侧的阔叶片上。

竹节虫算得上著名的伪装大师，当它栖息在树枝或竹枝上时，活像一段枯枝或枯竹。它主要分布在热带和亚热带地区。

竹节虫以假乱真的本领很高。有些竹节虫受惊后落在地上，还能装死不动。竹节虫是森林的害虫。

# 如何区分有益瓢虫
## 和有害的瓢虫
### P I N D U B A I K E

瓢虫，顾名思义就是体形像小水瓢的甲虫。它们是农田和果园里的"常住居民"，它们会爬、会飞，鞘翅上有明显的红色、黄色斑点。人们常把它们亲切地称做"花大姐"。

瓢虫家庭是一个庞大的家族。其中大部分都能吞食害虫，是庄稼和果树的保护神，当然这个大家族中也有一些"害群之马"。

人们常见的，如七星瓢虫就是一种益虫，它的幼虫在发育时期就要吃掉600~800只蚜虫，发育为成虫后更是人类的"好朋友"；还有姬赤星瓢虫，它们喜欢捕食果园里的介壳虫，一只姬赤星瓢虫一生能消灭900多棵果树上的害虫。此外，龟纹瓢虫、十三星瓢虫、异色瓢虫、两小星瓢虫等，一天能吃掉上百只棉蚜、

▲据调查确认,每年5月下旬至6月下旬这段期间会出现七星瓢虫群居现象。

▲按照瓢虫的口器构造的不同可以将其分为三类:捕食性、植食性和菌食性。

▲瓢虫的卵粒呈枣核形,并紧密地排列在一起。卵最初为淡黄色,后逐渐变为杏黄色。

麦蚜。它们的幼虫在发育期时一天能吃掉1 000多只棉蚜,到成虫期食量更是大增,能吃掉5 000多只棉蚜。正是因为有了这些瓢虫卫士的帮忙,农田、果园中的农作物才能够更好地生存下来。遗憾的是,瓢虫家族中还有一些以植物为食的成员,如十星瓢虫、二十八星瓢虫,它们以农作物和果树的叶子为食,使得农业产量受到影响。这些有害瓢虫中的二十八星瓢虫专门危害茄子、土豆等农作物。

这些有害瓢虫与消灭棉蚜的那些有益的瓢虫在外形上有很大的不同。一般来说,害虫的鞘翅上布满了密密的绒毛;而益虫的鞘翅则非常光滑,而且还闪耀着光泽。瓢虫产卵多、繁殖快,所以更要对益虫和害虫进行有效区分,进而消灭害虫,保护益虫。如果能做到这一点,

那么消灭一只每年繁殖量巨大的有害瓢虫,保护一只有益瓢虫,将会保护大量的农作物。

有益瓢虫不仅能消灭大量蚜虫,而且还能消灭大量的软蚧和硬蚧。这些害虫是危害苹果树、梨树、茶树、柑橘树最严重的昆虫。人类长期使用农药,使得这些害虫对农药产生了抗药性,无法达到预期的效果,可是瓢虫却是这些害虫的克星,而且不同种类的瓢虫可以消灭不同种类的软蚧和硬蚧。如澳洲七星瓢虫守卫的是橘子树,而保护茶树的则是一种俄罗斯的瓢虫。

瓢虫虽小,但其存在的意义重大,所以掌握区分有益瓢虫和有害瓢虫的方法是十分必要的。

**知识宝库**

瓢虫有很多种,绝大多数是帮助人类消灭害虫的有益生物,但也有危害作物的有害瓢虫,如二十八星瓢虫就是危害蔬菜的典型有害瓢虫。它是马铃薯瓢虫和茄二十八星瓢虫的统称,以危害茄果类蔬菜中的茄子和马铃薯为主。

# 为什么蚂蚁觅食时不会迷失方向
PINDUBAIKE

蚂蚁是胡蜂的近亲，是一种拥有社会性生活习性的昆虫。据科学家研究，蚂蚁早在白垩纪就已出现，而且可能是由侏罗纪时期的原始胡蜂演变而来的。

蚂蚁是过群体生活的昆虫，它们常常将巢建在石头缝和地下土层中。由于这些隐蔽的地方很少有供它们食用的食物，所以蚂蚁通常会在温度适宜的晴好天气外出寻找食物。它们偶尔单独行动，偶尔成群结队地爬出蚁巢。有时候蚂蚁要去很远的地方才能找到吃的东西，但是不管多远，它们总能十分准确地找到自己回家的路，而且从来不会迷失方向。究竟是什么原因使蚂蚁能够牢牢记住来时的路呢？

蚂蚁能够准确找到回家的路是依靠发达的视觉系统。它们的视觉极为敏感，无论是陆地上的物体还是高空中的物体，身边的所有事物都可以成为蚂蚁的方向标。即便是周围都被严实地遮盖住，太阳的位置以及照射到地面的光线也可以为它们指示方向。

除了拥有发达的视觉系统，蚂蚁还可以依靠敏锐的嗅觉器官辨明方向。蚂蚁在整个生活史中会形成一个统一的群体，并分化出多个类型，而个体之间又具有强烈的依存关系。它们能够分泌出一种特殊的气味——聚集信息素。这是一种群体生活的昆虫在个体离巢外出时，为了能找到归巢的路所分泌的一种外激素。但是假如没有这种激素的调节，蚂蚁也能凭着熟悉的天然气味回到家中。所以单独外出的蚂蚁无论走多远，都能在同伴分

**辨别方向**

为了能在多变的环境中不迷失方向，沙漠箭蚁懂得利用太阳发出的偏振光回巢。

泌的外激素作用下，聚集过去。同时，它们常常会在寻找食物的途中留下极为特殊的气味，而且追踪具有群体特异性。因此，不会和其他巢或其他类蚂蚁混淆。这样，当找到食物后就能够背着食物循着气味爬回家去了。但是，如果在蚂蚁走过的路上，用手指或其他物体重复划几下，截断它们留下的路标，蚂蚁就会乱成一团，到处绕圈圈，由此可以证明蚂蚁确实是靠对追踪素的识别认路的。

由于蚂蚁具备认路的高超本领，所以总能顺利地找到蚁巢，从不会迷路。当蚂蚁外出找到的食物比自身的重量大时，就会回到蚁巢求援，它们会以触角互相碰触的方式传达信息。这些蚂蚁救兵会循着第一只发现食物的蚂蚁的踪迹，前往目标所在地。然后人们就会看到一长队的蚂蚁搬着战利品——一条虫子或肉骨头集体赶回蚁巢。

### 结构特征
蚂蚁的外部形态分头、胸、腹三部分，有六条腿。腹部肥胖，头、胸为棕黄色，腹部前半部呈棕黄色，后半部呈棕褐色。

### 头部特征
蚂蚁的头部因种类不同而形状各异。有许多公蚁头部只长复眼，不长单眼。

# 蝶类的色彩是怎样形成的呢

蝶和蛾属昆虫纲鳞翅目，这类昆虫最显著的特点就是蝶翅上有各种颜色的花纹和斑点。可不要小看这些斑斓的色彩，它们是构成昆虫保护色以防止天敌捕食的主要手段。它们还是一种信息——色彩信息，蝶类对图像的辨别能力较差，但分辨色彩能力却极强。有人认为蝶类选择花时是根据花的颜色及气味进行选择的而不是花的外形，雄蝶寻找伴侣也是根据对方翅上的斑纹颜色。那么，蝶类翅膀上的色彩又是怎么形成的呢？

蝶类昆虫翅膀上的色彩可分为化学色彩和物理色彩。化学色彩是昆虫表皮细胞在其代谢过程中形成的化学物质，如黑色素表现为黑褐色；红色和红褐色也是由色素产生的。

物理色彩是由于昆虫翅上的鳞片结构对光的折射或反射而造成的。如果将鳞片放在显微镜下观察，人们可以看到许多纵行的嵴，嵴与鳞片表面有一定角度，一部分嵴由许多半透明的薄层组成，薄层间充满了空气。当阳光照射到这样的结构上时，会产生折射或反射，从而形成各种颜色，颜色的变化是随着光照角度不同而发生的，如白色、黄色、蓝色等。

人们可以用一种非常简单的方法来区别这两种色彩，即在翅上洒一些水，如果颜色不变则为化学色彩，颜色变暗则为物理色彩。

## 知识宝库

受到不同生活环境的影响，不同菜粉蝶身上的色泽有深浅的变化，斑纹也会有大有小。一般来说，在低温下生长的个体黑鳞少而斑型小，有的会完全消失。而在高温条件下成长的个体，翅面上的黑斑色深而翅里的黄鳞色泽鲜艳。

# 为什么说 白蚁 是建筑物的克星

## P I N D U B A I K E

白蚁分布于热带和亚热带地区，以木材或纤维素为食。白蚁是一种多形态、群居性而又有严格分工的昆虫，群体组织一旦遭到破坏，就很难继续生存。全世界已知白蚁有 3 000 余种。白蚁对农作物、树木、房屋建筑、江河堤坝等均有危害。

白蚁又被称为虫尉，坊间俗称为大水蚁（因其通常在下雨前出现得名），是危害建筑物的世界性害虫。1993 年之后，巍然耸立的自由女神像被成千上万只白蚁蚕食着。美丽的自由女神像基座被蚕食得千疮百孔。为防止女神像被白蚁蛀空而倒塌，科学家们对其进行了治理，历时 4 年终于成功控制了白蚁，使自由女神像重现光芒。

为什么如此渺小的白蚁竟能有如此大的破坏力呢？白蚁是一种灰白色或白色，呈透明状的昆虫。它们害怕光亮，因此喜欢生活在黑暗的洞穴之中。它们以含有纤维素物质的木材为食。但是白蚁体内并没有能够分解木质纤维的酶，所以只能依靠共生在其肠内的鞭毛虫的帮助才能将木质纤维消化。

自由女神像的基座、支撑架和装潢材料中都含有大量木材，所以这里成了白蚁的最佳生存空间。佛罗里达大学教授苏南耀成功研制了消灭白蚁的方法，并取得了良好效果。苏教授对白蚁喜欢吃纤维素食物的特性进行了研究，并用纸巾粘上一种昆虫抑制素，诱惑白蚁吞食纸巾，使其沾染上这种抑制素。白蚁回到蚁穴后，通过相互接触将抑制素传染到其他白蚁身上。抑制素缓缓地渗透到白蚁身上，产生作用。感染了抑制素的的白蚁会不断地摩擦身体，直至脱皮死亡为止。美国就是用这一经济实用的方法将白蚁陆续消灭，从而保住了自由女神像。

# 为什么蜣螂喜欢滚粪球
## PINDUBAIKE

蜣螂又名推粪虫、屎壳郎，是一种勺状头形的昆虫，也被人们称为"铁甲将军"。它们尤其喜欢在每年夏、秋季节滚粪球。

当蜣螂发现了一堆粪便后，它们会用腿将部分粪便制成一个球状，将其滚开。而且它们会先把粪球藏起来，然后再吃掉。这些粪球都是蜣螂自己做的。蜣螂的头上长有一排十分坚硬的角。它们就是利用这些角将人、畜的粪便，还有一些垃圾、泥土等集中到一起，然后用自己的身体将其压住，用足来回搓动。经过搓动与旋转，聚集在一起的粪土变得越来越大，逐渐成为一个圆球。一个完整的粪球往往需要雌、雄蜣螂共同合作完成。它们推着粪球一路向前滚动，潮湿的粪

球表面又粘上了层层泥土，于是粪球也就越滚越大。

蜣螂在滚动粪球时，通常是一只在前，一只在后，而且分工明确。前面的用后足抓住粪球往前拉，后面的用前足抓着粪球向前推，有时还利用头部顶。然而蜣螂究竟要把粪球推往何方呢？人们不得而知。它们通常会选择险坡、大沟等地段，而不是平坦之地。对蜣螂来说滚动越滚越光滑的粪球可不是轻松之事，它们要小心翼翼地行动才能顺利地穿越陡坡、大沟等地。

蜣螂为什么要滚动粪球呢？原来，蜣螂滚粪球是有重要用途的。这个精心制作的粪球将会成为蜣螂后代的养料库，它们以这种方式为幼虫提供食物。当蜣螂把粪球滚到相对安全的地方后，就会将粪球安置到土中，偷偷地藏匿起来，然后雌蜣螂会对粪球进行加工，用土将

知识宝库

世界上有 2 万多种蜣螂，人们可以在除南极洲以外的任何一块大陆上发现它们。它们都以粪为食。最著名的蜣螂生活在埃及，有 1~2.5 厘米长。世界上最大的蜣螂是 10 厘米长的巨蜣螂。它与犀蜣螂一样，同属蜣螂家族。

粪球做成梨状,并将自己的卵产在梨状粪球的颈部,最后再将粪球周围的土压紧。卵孵化成幼虫后,就会以粪球作为食物来补充营养。

蜣螂尤其喜欢用牛粪做球。这是因为牛是反刍动物,它会在休息的时候,将匆匆吃进胃里的草料返回口腔里继续咀嚼,最后再送回胃里消化。由于牛排

出的粪便比较稀,容易粘在一块儿,所以滚动起来非常容易。再加上牛粪营养丰富,所以它们非常喜欢滚牛粪球。

此外,蜣螂还有一个奇怪的习性,它们只在晴好天气出现之前外出活动。所以,通过观察蜣螂的活动就可以知道天气的状况。在整个长夏,人们都可以利用它作为晴雨表。

▲蜣螂是长有勺状头形的昆虫,可将粪便变成球状。它们将卵产在此球状粪便上并将卵掩埋,这样可使幼虫在孵化时,有现成的食物供应。

蜣螂的头顶上有一个大铁铲,叫唇基。用它可以刨松土壤,然后用前足把身体下面疏松的土推到身体后面去,用挖好的穴来储存粪球。

▲蜣螂的体色为黑色或黑褐色,体表有坚硬的外骨骼,有2对翅,3对足。蜣螂能利用月光偏振现象进行定位,以帮助取食。

蜣螂以动物粪便为食,发现粪便,先用前足扫出一小块地面,把食物放在腹下,使其滚成粪球,所以蜣螂有『自然界的清道夫』的称号。

# 你知道珍珠是如何生长的吗

PINDUBAIKE

珍珠是一种有机宝石，自古以来就一直被人们视为奇珍。据地质学和考古学的研究证明，在两亿年前，地球上就已经出现了珍珠。西方的传说中提到，美神维纳斯就出生于贝壳中。当贝壳张开的时候，从维纳斯身上滴下的露水就变成了一颗颗晶莹剔透的珍珠。所以文艺复兴时期，著名画家波堤切利就将这一形象表现在作品《维纳斯的诞生》中。他将女神置于一扇巨大的贝叶之上，从水底缓缓而出，女神抖落的水珠便成了晶莹夺目的珍珠。而丹麦人则常常将珍珠与美人鱼联系在一起。美人鱼因思念王子而伤心流泪，泪珠被守护在身边的母蚌珍藏起来，时间久了，眼泪就变成了一颗颗珍珠。

如今，人们在日常生活中常常会看到白色、浅黄、浅粉等光泽圆润的珍珠穿成的珍珠项链，有的还嵌在戒指上作为装饰。珍珠除了可用于装饰外，还可以磨成粉末入药，是美容的良方。但是，你知道珍珠究竟是怎么形成的吗？

其实，珍珠是从一些贝类动物的体内生长出来的。海水中的蚌和珍珠贝中长出来的珍珠是咸水珠；河、湖中的蛤蜊中长出的珍珠叫做淡水珠。但并不是所有的蚌、蛤蜊里面都有珍珠，能够产珍珠的贝类仅有二三十种。

蚌、蛤蜊体外有两片贝壳，两片贝壳的内壁上都贴着一片柔软的膜，被称为外套膜。它们像外套一样紧紧地包裹着蚌、蛤蜊柔软的身体。贝壳就是由外套膜分泌的物质形成的。而外套膜表面能够分泌珍珠质，并逐渐形成珍珠层，从而产生夺目的光彩。所以，只有能分泌珍珠质的贝类才会产出珍珠。当水中的沙粒、寄生虫等异物不小心进入贝壳与外套膜之间时，外套膜就会因刺激而分泌

知识宝库

珍珠粉能起到保健养颜的作用，而假冒伪劣的珍珠粉不但不能保健养颜，反而会危害消费者的身体健康。

出大量珍珠质,将异物紧紧地包裹住,时间长了就形成了美丽的珍珠。

珍珠质丰富的珍珠贝大多产于温暖的海洋。如我国南海就是优质珍珠的最佳产地,那里所产的珍珠被称为"南珠",品质极佳。人们一般会将珍珠大致分为天然珍珠和人工养殖珍珠两种。但如今,由于海水污染日益严重,天然珍珠已十分罕见,所以人工养殖的珍珠已成为制造珍珠饰品的首选。

养珠的过程复杂而辛苦,要先把蚌养殖 3 年,然后要将一颗圆核母珠插入蚌的体内,使蚌因刺激而分泌珍珠质将母珍珠核严实包裹住,形成养珠。这一过程要历时 10 个月。而世界著名的黑珍珠、南洋珠等则需要更长的时间才能最终形成。

我国是世界上最早利用珍珠的国家之一。珍珠以其细腻凝重、光润晶莹、浑圆剔透,被中国历代王朝列为"贡品"。

珍珠的色泽虽然很美,但却经不起长时间的考验。一般经过十几年,珍珠就会失去光泽变成普通的黄色,这就是俗话所说的"人老珠黄"。

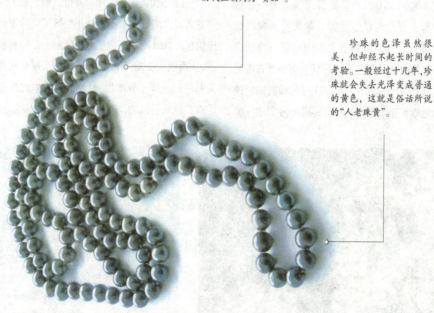

# 你知道昆虫之间怎样互通信息吗

PINDUBAIKE

昆虫虽然不会说话,但它们会通过特殊的"语言"进行交流。不同的昆虫互相传递信息的方式也有所不同,但总的来说,主要有化学语言、视觉语言、声音语言以及光语言等。昆虫的化学语言主要由昆虫释放出的信息素组成,包括外激素和种间激素。外激素分为性信息激素、追踪激素、警报激素等。大多数昆虫接收化学语言的器官多集中在触角部位,但是由于昆虫的触角形态各不相同,感受器形态、数量也有所差异。科学家研究发现:蜜蜂的一根触角上有 3 000~30 000 个感受器;家蚕雄蛾一根触角上有 6 万个毛状感受器。如果有人捅马蜂窝,被一只马蜂蜇后就会引来一群马蜂的围攻。这是由于马蜂蜇人之后就会将刺针和报警激素留在人的皮肤里,人去扑打马蜂的同时使报警激素扩散,其他马蜂嗅到这种激素的气味

▶萤火虫有自己的"灯语"。雌虫和雄虫利用尾部发出的光亮相互吸引,进行交配。

后便立即处于被激怒状态而组织发起进攻。

萤火虫能发出美丽的闪光,并通过控制光色、光频和闪光时间,相互进行信息传递和"对话"。在昆虫语言中,气味语言也是最普通的通讯方式。大多数昆虫都能分泌特殊的气味来传递信息。如蜂王的下颚唾腺里能够分泌一种唾液,从而吸引工蜂为自己服务。雌蚕蛾会从腹尖部位的腺体中释放出一种分泌物,以此来引诱雄蚕蛾从遥远的地方飞来。

**知识宝库**

昆虫虽不能像人类一样自由交谈,但它们也有自己特殊的"语言"。它们通过声、光、气味以及特定的动作来传递各种信息。

# 为什么蜜蜂能知道什么地方可以采蜜

人工养殖的蜜蜂大都住在木箱子里，而野蜜蜂则住在墙洞、树洞里。虽然它们身体小，却能够飞到几千米以外的地方，去采集百花甜汁来酿造蜂蜜。蜜蜂是怎么知道哪里有花蜜的呢？

蜜蜂是一种过集体生活的昆虫，在一群蜜蜂中，有一只蜂王（母蜂）和许多工蜂以及少数的雄蜂。工蜂在蜂群中是最勤劳的，它们担负着采蜜、侦察、守卫、清理蜂箱和饲喂小蜜蜂的工作。

在春暖花开之际，一些工蜂就飞出箱外去寻找蜜源。当工蜂在外面找到了蜜源，它们就吸上一点花蜜和花粉，很快地飞回来。回到蜂群后，它就不停地跳起舞来。你不要以为这仅仅是一种欢乐的表现，其实这舞蹈是蜜蜂用来表示蜜源的远近和方向的。蜜蜂的舞蹈一般有圆形舞和"8"字舞两种。如果找到的蜜源离蜂巢不太远，蜜蜂就在巢上（蜜蜂用来装蜜、孵育小蜜蜂和住宿的地方）表演圆形舞；如果蜜源离得比较远，就表演"8"字舞。在跳舞时如果头向着上面，那么蜜源就是在对着太阳的方向，要是头向着下面，蜜源就是在背着太阳的方向。

蜂箱里的蜜蜂，得到了侦察蜂带来的好消息后，就会很快地飞出箱外，按照它们所指引的方向飞去。这些外出的蜜蜂吃饱花粉飞回来以后，也同样会向同伴们跳起舞来，动员大家都去采蜜。这样一传十、十传百，越来越多的蜜蜂都奔向蜜源，进行大量的采蜜工作。

**知识宝库**

蜜蜂群中有专门负责寻找蜜源的"侦察兵"，"侦察兵"在发现蜜源后会通过舞蹈的方式向同伴传递信息，带领同伴找到蜜源。

# 为什么说珊瑚是动物
## PINDUBAIKE

▲珊瑚生长在温度高于20℃的赤道及其附近的热带、亚热带地区，水深100米—200米的平静而清澈的岩礁、平台凹缝中。

▲珊瑚在腔肠动物中是个统称，日常生活中造型奇特、玲珑透剔而来自海中的，人们都冠以"珊瑚"。

由于许多未经加工的天然珊瑚呈树枝形，所以自古以来，很多人认为珊瑚是植物。到18世纪，还有人把珊瑚的触手当成花，还认为这是一大发现呢！现在，学过动物学的人都知道，珊瑚是低等动物，它属于只有内外两个胚层的腔肠动物，好像一个双层口袋。它有一个口，但没有肛门。食物由此进去，不消化的残渣也由此排出。口的周围生了许多触手，这就是古人认为是花的东西。触手可以捕捉食物，或振动引起水流并使水流流进口及腔肠中，消化掉水中的小生物，所以说珊瑚是动物。

珊瑚包含了很多种，而且有共同的特性：都生活在浅海里，特别喜欢生长在水流快、温度高、比较洁净的暖海地区。由于大多数珊瑚都可以出芽生殖，而这些芽体并不离开母体，这样，最后就成为一个相互联结、共同生活的群体，这就是珊瑚长成树枝形的主要原因。珊瑚的每一个单体，我们叫它"珊瑚虫"。我们通常所见的珊瑚，就是这些珊瑚虫的肉体烂掉后所剩下来的群体的骨骼。有的骨骼质地粗糙，可以用来烧石灰，也可以做人造石；质地好的还可以用做建筑材料。海里常见的珊瑚礁大多是由这些骨骼堆积成的。有些骨骼质地优良、色泽鲜艳，特别是红色的，人们常常把这样的珊瑚礁雕琢成装饰品。

**知识宝库**

珊瑚纲是腔肠动物门最大的一个纲，全部海生。已知腔肠动物门约有9 000余种动物，通常分成3个纲，即水螅虫纲，约2 700种；钵水母纲，只有200余种；而珊瑚虫纲有6 100多种。常见珊瑚种类有红珊瑚、细指海葵、海仙人掌等。

# 为什么水母会蜇人
## PINDUBAIKE

知识宝库

已知的水母大约有 200 多种。水母是一种低等的海洋无脊椎浮游动物，肉食性，在分类学上属于腔肠动物门。

常常漂浮在海面上的水母，因为身体里含有 95% 以上的水分，所以看上去如同透明一般，显得很有趣。但是，水母绝不像外表那样软弱无力。如果你用手去触摸它，手就会被蜇得又红又肿，疼痛难忍。那么，水母是怎样蜇人的呢？

原来，水母的身体分为两部分，一部分是露出水面的"伞"部，另一部分是浸没在水中的口腕部。有的水母在"伞"的周围有许多小触手，有的却在口腕处长触手。这些触手非同小可，它们的表面分布着无数刺细胞，刺细胞内有个刺丝囊，刺丝囊中藏着毒液和一盘细长的刺丝。当猎物或敌害接触到水母时，刺丝就会立即翻出，刺向对方；同时，囊里的毒液从空心的刺丝中发射出去，像打针那样注射到对方的体内。鱼儿一旦受到刺丝的攻击，很快就会中毒麻痹。最可怕的水母要数北极霞水母。它的

"伞"径约有 2 米，"伞"的下缘有 8 组触手，每组 150 根，每根触手上又有无数刺细胞。更厉害的是，它的触手可以伸长到 40 米以上，一旦所有触手都张开，总面积可达到 500 平方米。这时候，如果有人不幸进入这个范围，后果简直不可想象。

# 鱼儿离开水源能生存吗

PINDU BAIKE

▼又名神仙鱼、天使鱼。体形呈菱形，侧扁，背鳍向后延长，从侧面看像燕子，故得名。

▼鲸是成群的生活在海底，需呼吸时就会游到水面上来，利用头上的喷水孔进行呼吸。

人们都知道，有些生物是必须要在固定的环境中才能生存下去的，鱼类就是这样。如果离开水，它们就无法继续生存。然而，自然界中却存在一种即使离开水源也不会立即死亡的鱼类，这让人们感到万分惊奇。

鱼类主要依靠呼吸器官进行呼吸，鱼鳃的结构已经适应同溶解在水中的氧气互换。但有些鱼类除了鳃之外，还有其他辅助的呼吸器官，所以即使离开水源也能够正常呼吸。只要这些鱼在离开水时保持身体湿润，就可以利用这些辅助的呼吸器官进行呼吸以维持生命。

典型的无水生存的鱼类是乌鳢（即黑鱼）。乌鳢的辅助呼吸器官位于第一鳃弓上，上面的骨片变得很薄，形成了木耳状结构，且上面覆盖着丰富的毛细血管，这一结构被称为鳃上器官。只要保证鳃上器官的湿润，乌鳢就不会因缺水而死亡。黄鳝也是可以离开水源继续生存的鱼类。黄鳝的鳃已经退化，通常只能依靠口咽腔进行呼吸。它的口咽腔内壁上皮细胞间布满毛细血管，水中的氧可透过上皮进入血管中，所以黄鳝总是把头仰出水面进行呼吸。在炎热高温的夏季

**知识宝库**

鱼的皮肤是由表皮和真皮所组成的，表皮非常薄，由几层上皮细胞和生发层组成，表皮中含有大量单细胞的黏液腺。表皮下就是真皮层，真皮层的内部有大量的神经、血管、结缔组织和皮肤感受器，真皮的深层以及鳞片中含有色素细胞、光彩细胞以及脂肪细胞。

里,泥鳅可以利用肠管进行呼吸。这时肠后段的上皮细胞呈扁平状,细胞间出现微血管或淋巴,可进行气体交换。泥鳅用肠呼吸时,常常蹿出水面,吞一口空气,将其压入肠后沉到水底,多余的空气和血液中排出的二氧化碳一同从肛门排出。而在其他季节,泥鳅的肠就不存在呼吸功能了,这让人感到十分奇怪。非洲肺鱼可以用鱼鳔呼吸,以度过漫长的旱季。当鱼类拥有了这些辅助的呼吸器官后,即使没有水源也不会有生命危险了。

鱼类是最古老的脊椎动物。它们几乎栖居于地球上所有的水生环境中。

弹涂鱼体延长略呈圆柱状,眼大且突出,鱼体灰褐色,尾鳍圆形。

弹涂鱼为河口最常见的鱼,挖洞穴居,不好游动,随盐度的变化而有明显的迁移特征。

# 为什么看鱼磷能知道鱼的年龄

为什么看鱼鳞就能知道鱼的年龄呢？鳞片由许多大小不同的薄片构成，中间厚，边缘薄。最上面一层最小，但是最老；最下面一层最大，但是最年轻。鳞片生长时表面上就有新的薄片生成，随着鱼的年龄的增长，薄片数目也不断增加。一年四季中，鱼的生长速度不同。通常，春夏

▲鱼鳞分布于表皮和真皮间，在真皮中也有许多鳞片。鱼鳞是鱼类的皮肤衍生物，由钙质组成，被称为鱼类的"外骨骼"。

生长快，秋季生长慢，冬天则停止生长，第二年春天又重新恢复生长。鳞片也是这样，春夏生成的部分较宽阔，秋季生成的部分较狭窄，冬天则停止生长。宽窄不同的薄片有次序地叠在一起，围绕着中心一个接一个，形成许多环带，叫做"生长年带"。生长年带的数目，正好和鱼所生长的年数相符合。春夏生成的宽阔薄片排列稀疏，秋季生成的狭窄薄片排列紧密，两者之间有着明显界线，是第一年生长带和第二年生长带的分界线，叫做"年轮"。年轮多的鱼，年龄大；年轮少的鱼，年龄就小。所以，看鱼鳞，根据年轮的多少，就能够推算出鱼的准确年龄来。

利用鱼的鳞片测定鱼的年龄是普遍采用的方法，但不是唯一的方法。因为有的鱼没有鳞片，所以说只从鳞片上观察也并不可靠。因此，鱼类研究工作者也利用鱼的脊椎骨、鳃盖骨、耳石等等作为观察的材料。观察的方法和观察鱼鳞差不多，都是利用鱼类由于不同生长时期而形成的"年轮"来确定年龄大小的。知道鱼的年龄有很大好处，可以帮助我们测定鱼群的年龄组成，做到捕大留小，适时捕捞，以达到保护和合理利用水产资源的目的。

▲鱼鳞犹如盔甲，能起到保护的作用。它可以帮鱼抵抗疾病，使鱼免遭水体中微生物的侵害。

知识宝库

　　鳞是鱼的一层外部骨架，能够使鱼体保持一定的外形，又可减少与水的摩擦。从外表上看鳞是透明的，约占鱼体重的2%~3%。

## 鱼鳞的药用价值

　　经过营养学家的研究发现，鱼鳞是一种特殊的保健食品，鱼鳞中含有较多的卵鳞脂，这种物质有着增强记忆力、缓延细胞衰老的作用。

# 鱼身上的黏液有什么用处

PINDUBAIKE

大部分鱼身上都包裹着坚硬的鳞片,但也有少数鱼,如黄鳝、鲇鱼、泥鳅等,全身都布满黏糊糊的液体。这是因为,它们身上的鳞片已经退化,直接暴露在外的皮肤中,有不少特殊的黏液腺,能分泌出大量的黏液,形成一个黏液层。

我们知道,鱼鳞对鱼有保护作用,黏液也有相似的功能。它虽然不能阻挡硬物的撞击,但可防止霉菌的侵袭,阻挡水中有害物质从皮肤进入体内。

其实,黏液的作用远远不止这些。有了它的存在,鱼的皮肤就可以不透水,这对维持鱼体内渗透压的恒定有好处。尤其是一些江河洄游的鱼类,身上有了黏液,就能帮助它们适应水中盐液的变化。

当你用手去捉黄鳝时,虽然感到已经紧紧捏住,可黄鳝还是从你的指缝中溜走了,这也要归功于它身上的黏液。可以这样说,滑溜溜的黏液,还是这些鱼的逃生法宝之一。

由于有黏液的存在,鱼不仅让人难以捉住,而且还能减少它与水的摩擦力,帮助它游得更快更省力。由此看来,黏液与鱼鳞相比,可能会给鱼的生存带来更多的益处。

知识宝库

鱼是冷血脊椎动物,它们用鳃呼吸,有颚和鳍。现有的鱼,其种类主要可分为软骨鱼类和硬骨鱼类两个族群。这两种族群的鱼最早出现在泥盆纪早期。线状鳍鱼中较进阶的一群称为硬骨鱼,从侏罗纪时期开始进化,到目前为止,已经变成了个体数量最多的鱼类。

我们都知道山羊"咩咩"叫，鸭子"嘎嘎"叫，小狗"汪汪"叫，小猫"瞄瞄"叫，可是你知道鱼也会发声，可能还有会"唱歌"的吗？

鱼儿发出的声音也是多种多样的：海马能发出敲鼓似的声音；箱鲀能发出像狗叫的声音；鮟鱇鱼发出的声音就像老人在咳嗽，所以人们也常将它称做"老头儿鱼"。鲂鲱鱼的叫声更是变化多端：一会儿发出像猪一样的叫声，一会儿发出像人在打鼾的声音，一会儿又发出像人的呻吟声。会"说话"的鱼有很多，可是叫声最大的就数黄花鱼了，黄花鱼的叫声有时像猫叫，有时像人在吹口哨的声音，人站在甲板上都能听得到它的叫声，它的叫声可以传播十八米之远。渔民们每天就是一边听着这美妙的"歌声"一边在海面上辛勤地工作的。这样优美动听、时强时弱的"歌声"让渔民们的心情舒畅极了。其实同样让渔民们心情舒畅的"歌声"还有好多，比如黄姑鱼、红娘鱼、鳓鱼、鲷鱼、黄鲫等都能唱出美妙的"歌声"来。

想知道鱼儿是从哪儿发出声音来的吗？人要发声必须通过喉腔侧壁两条声带的振动。可是鱼儿并没有咽喉、气管、肺，更谈不上什么声带了，那么鱼儿是怎么"说话"、"唱歌"的呢？原来，鱼儿虽然没有像人类的发声器官，但是它可以通过相互摩擦坚硬的器官或通过器官将空气排出体外而发出声音。比如泥鳅所发出的声音，其实是因为它的肠内空气突然从肛门排出而产生的。刺尾鱼和鲇鱼发声则是用背鳍、胸鳍、臀鳍或腹鳍的刺之间互相摩擦而发出的声响。黄花鱼那美妙的"歌声"是由

其鳔发出的,如果将黄花鱼的鳔破坏了,那渔民们就再也听不到它们那美妙的"歌声"了。

那么鱼类为什么要发出各式各样的声音呢?经科学家们研究发现:鱼儿发声是要表达其多种含义,有的声音是在向同伴们发警报;有的声音是在诱惑和离散同伴;有的是在生殖期间求偶寻爱时发出的欢叫声;有的是在悲伤、惶恐时发出的呼喊或求救声。

假如珊瑚鱼进入到已经有同类栖息的海葵身上时,先到的珊瑚鱼就会发出"嘟嘟"声以警告后来的入侵者。淡水鲈鱼如果受伤了,就会发出一种特殊的声音向同类求救。还有一种大黄鱼在产卵期常发出"哼哼"、"咯咯"、"呜呜"的声音,而渔民就会将耳朵贴在船舷上听声,这样就可以确定鱼群的位置,然后撒网捕鱼了。

鱼类发声其实是彼此之间在以一种特殊的方式进行交流,而这些声音就是它们的"语言"。当你在碧波荡漾的水上休息时,一定会听到从水底下传来的动听的声音,那就是鱼正在用自己的语言"说话"或"唱歌"呢。

知识宝库

世界上还有能发电的鱼,比如生活在非洲尼罗河的电鲶,它能发出350伏的高压电。还有电鳐,它的一条长长的像一把团扇似的尾巴也会发电。

鲨鱼的骨架是由软骨构成的。软骨比骨头更轻、更具有弹性。

鲨鱼与硬骨鱼类的不同之处就是鲨鱼没有鳔。

# 你知道
## 直立游泳的海马吗
### PINDUBAIKE

海马是一种外形奇特的海洋动物，因头部像马头而得名。但实际上，海马与马毫不相关。海马是生活在海洋中的鱼类，但它却有着不同于一般鱼类的外形。

海马的体形较小，一般只有10~20厘米长。海马与其他鱼类相比，最大的区别是，海马是直立游泳的。这是由于海马有一条明显向外突起的骨栉式脊椎，一直延续到尾部。尾端尖细，由许多节组成，可以灵活地伸展蜷曲，还可帮助身体直立、弹跳。当海马直立游泳时，背鳍能够优美地扇动，从而使身体保持平衡。

海马是卵生动物，它的繁殖生产方式极为特别。在海马的世界里，是由雄海马孕育后代的。雌海马产卵时并不是将卵产在海水里，而是直接产在雄海马的"育儿袋"中。雄海马拥有独特的生理结构。当繁殖期到来时，雄海马的腹壁由体侧向中央方向产生褶皱，逐渐形成了宽大的"孵卵袋"，即"腹袋"，它能够为"胎儿"提供足够的营养。而雌海马就没有这种身体变化，因此，雄海马就理所当然地"抚育"

小海马了。雄海马"腹袋"里的卵可依靠袋中浓密的血管网层汲取营养。当小海马发育完全后，就会从雄海马的"腹袋"中钻出来。刚出生的小海马只有几毫米长，但却

头部像马，尾巴像猴，眼睛像变色龙，还有一个鼻子，身体像有棱有角的木雕。

海马的雌雄辨别十分简单，有腹囊的是雄海马，而雌海马没有。

可以在海水中游泳。

这种雄性孵化的特殊繁殖方式是海马适应浅海区生活的体现。生活在浅海区的动物们会进行残酷地争斗，为了保证自己的后代健康地孵化与成长，雄海马的"育儿袋"便产生了。雄海马将卵产在雄海马袋中，既有利于躲避敌害，也有利于保证每颗卵都能得到充足的营养。也只有这样，才不会使体质脆弱的幼海马受到其他动物的侵害。

知识宝库

海马是一种名贵中药，具有强身健体、消炎止痛、补肾壮阳、舒筋活络、止咳平喘、镇静安神等疗效，对于治疗神经系统疾病更为有效。

# 为什么菜市场上没有活的带鱼和黄鱼

PINDUBAIKE

我们在菜市场上看到的带鱼、黄鱼都是死的，从来没有看到过像鲤鱼、鲫鱼那样在水池里游来游去的活带鱼、活黄鱼。这到底是什么原因呢？

我们知道，带鱼和黄鱼，都是生活在海里的，而鲤鱼、鲫鱼都是生活在淡水里的。海水和淡水最主要的区别是压力和盐度的不同。

海水中的压力，要比淡水中大得多，而带鱼和黄鱼生活在离海面 15~40 米左右的海水中，终日受着海水的巨大压力。在漫长的历史中，带鱼和黄鱼有着适应巨大海水压力的内、外部构造，如骨骼薄、肌肉富有弹性等特征。如果终年生活在海水里的鱼，突然被捕离开水后，外界空气的压力比海水的压力一下子降低许多，鳔内的空气因外界压力突然减小就会膨胀起来，甚至会超过了它所能容纳的体积而爆裂。此外，压力突然减小还会引起体内部分小血管破裂，胃翻出口外，以及眼睛凸出于眼眶外等。这些都是导致带鱼和黄鱼离开海水以后很快死亡的原因。

为什么不用容器养带鱼和黄鱼呢？这是有困难的。因为海水鱼离开海水后容易立即死亡。如果能够把它们放到盛有

黄鱼有安神止痢、益气填精之功效，对治疗食欲不振及妇女产后体虚有良好疗效。

端午节前后是大黄鱼的主要汛期，清明至谷雨是小黄鱼的汛期，此时的黄金鳞色金黄、肉质肥美，具有极高的食用价值。

黄鱼有大、小黄鱼之别，也叫黄花鱼。鱼科，鱼头中有两颗坚硬的鱼脑石，因此又叫"石首鱼"。大、小黄鱼和带鱼共称为我国的三大海产。

黄鱼是发物，哮喘病人和过敏体质的人应慎食。

海水的容器内，并保持海水不变质，而且容器有一定深度，保持适当水压，是能把鱼活着运到菜市场的，但这样做的成本太高了。

那么，用淡水来养行吗？不行。因为淡水的盐度比海水低得多。带鱼和黄鱼对水中的盐度是有一定适应范围的，由于海水鱼到淡水中，淡水的渗透压小于鱼体内的渗透压，外界的水将大量进入鱼体组织内，引起细胞充水，特别是血液组织受到破坏，循环失调，鱼类就会死亡。所以不能用淡水来养带鱼和黄鱼。

**知识宝库**

黄鱼含有非常丰富的蛋白质、维生素以及微量元素，对人体有很好的补益作用，对中老年人以及体质虚弱的人来说，食用黄鱼会有不错的效果。黄鱼含有大量微量元素——硒，可以清除人体新陈代谢产生的自由基，能够延缓衰老，并对各种癌症有不错的防治功效。

# 你知道什么动物换牙次数最多吗
PINDUBAIKE

▼鲨鱼是海洋中攻击人的体形最大的食肉类鱼,其牙齿锋利无比。

鲨鱼早在恐龙出现之前就已经存在于地球上了,至今已超过四亿多年,而且在近一亿年来几乎没有变化。让人感到奇怪的是,鲨鱼是动物界换牙次数最多的动物,它们一生需更换上万颗牙齿。

鲨鱼的牙齿呈三角形,而且边缘为锯齿状,在捕食猎物时牙齿呈垂直状态。鲨鱼的牙齿更换得十分频繁,它们每十天就会长出新牙,以替代旧牙。

鲨鱼属于软骨鱼类,其身体大多呈纺锤形,有发达的鳍。鲨鱼全身都披着类似于盾牌的细小鳞片,因此被称为盾鳞。每一片盾鳞都有一个骨核埋在皮肤下面,还暗藏着一根倒刺。所以当人们反方向抚摸鲨鱼皮时,人们非常容易被盾鳞所伤。鲨鱼一般都生活在海洋里,并且分布广泛。它们大多为肉食性动物,性情极为凶猛,经常以其他鱼类为食。在鲨鱼的种类中,最为凶猛的是噬人鲨。噬人鲨体形庞大,牙齿锋利,游动速度极快。当它们异常饥饿时就会攻击人类。鲨鱼的嗅觉非常灵敏,它们能够在很远的地方嗅到落水者受伤流血后散发的腥味,而这时常常会有好几条鲨鱼从四面八方聚集过来攻击受伤的人。鲨鱼的身体结构极为奇特,它们身上有许多特殊电流

感受器，并以此感知周围微弱的电压变化，所以连生活在深海泥沙里的比目鱼也无法逃出鲨鱼的"掌心"。鲨鱼有排斥的颜色，它们不喜欢黄颜色，所以潜水员们通常都穿着黄色的潜水服在鲨鱼活动频繁的水域活动。此外，小小的萤火虫也是鲨鱼的克星。萤火虫体内释放的气味有强烈的驱鲨作用，这种味道能够使鲨鱼惊恐甚至死亡。但是，到目前为止，科学界对于萤火虫体内物质是什么的研究仍然没能得到明确的答案。

**知识宝库**

鲨鱼分布于我国东海、南海、黄海等海域。鲨鱼也叫做鲛、鲛鲨、沙鱼，是海洋中的凶猛巨兽，被人们称为"海中狼"。鲨鱼异常凶猛，"海中之王"鲸鱼见了它也要躲避。鲨鱼的捕食本领也比很多动物高明很多，它能够利用自己非常独特的嗅觉，来探测食物的具体方向和位置。

*Shenqi Shijie Quan Zhidao*

## 神奇世界全知道

（动物奥秘 植物王国）

# 2

# 植物王国

*Zhi wu Wang guo*

# 植物和动物有什么区别

P I N D U B A I K E

▲细胞内部结构示意图。

依靠鞭毛的运动来推动身体在水里"快速"地行进。由此可知,用动和不动来区别植物和动物是很不正确的。那么,人们又如何在本质上将两者准确地区别开呢?

首先,植物和动物最明显的不同在于,组成两者的基本结构单位——细胞,动物和植物的细胞有着各自的特征,通过区别两者的细胞构成就可以达到目的。

植物的细胞有一层厚而硬的细胞壁"外衣",使得细胞具有了基本固定的形态,如纺锤形、砖形、足球形、管形等。此外,植物的细胞中还具有液泡,这也是植物与动物的细胞在结构上的明显区别之一。幼小的植物细胞有着小而分散的液泡,伴随着细胞的不断生长,液泡也不断变大,相互合并,最终在细胞的中央形成一个大的中央液泡。现在,通过科学实验已经证明了液

植物和动物是人们日常生活中最常见的,也是人们赖以生存的主要物质构成。单从字面意思看,植物的"植"字,是表示一棵树"木"站立不动,即"直",而动物则是"运动"的生物。但是,在自然界中却存在着会运动的植物或者不动的动物,如海底的珊瑚,从前曾被人们错误地认为是植物;而有些由单细胞组成的藻类植物,在水里游来游去,甚至有的还长有鞭毛,如衣藻可以

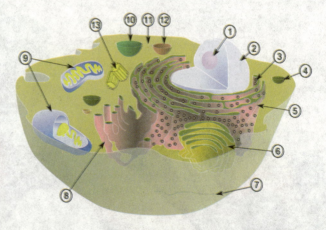

▲动物细胞的细胞结构:①核仁;②细胞核;③核糖体;④囊泡;⑤粗面型内质网;⑥高尔基体;⑦细胞膜;⑧平滑型内质网;⑨线粒体;⑩液泡;⑪细胞质;⑫溶酶体;⑬中心粒

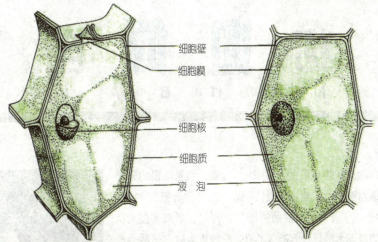

细胞壁
细胞膜
细胞核
细胞质
液 泡

泡不仅能储藏植物的代谢产物，而且还积极地参与了细胞中物质的生化循环，以及细胞分化和细胞衰老等一些重要的生命过程。在实验过程中发现，高等植物的细胞还具有发育成完整植物体的潜在可能性，也就是说一个细胞也许能在适当的条件下形成一个完整的、新的植物体。

而动物的细胞没有细胞壁，细胞内的物质由一层薄而柔软的细胞膜包围着。如一种叫做变形虫的单细胞动物，它柔软的单细胞身体以一种类似"橡皮泥"的变化来吞食周围环境中的微小食物颗粒。

其次，植物和动物还有一个明显的不同之处，就是它们的细胞中是否存在叶绿体。几乎所有绿色植物的活体细胞中都含有叶绿体，叶绿体是植物细胞的"绿色食品加工厂"，它们能够利用光能将空气中的二氧化碳和吸收来的水生产出可供自己生长的营养物质。这些营养物质包括淀粉、油、蛋白质、糖等复杂或简单的有机物，而这些有机物更是动物获取能量的根本来源。但动物的细胞中却没有这种能够自给自足的"生产机构"——叶绿体。

因此，生物学家们将绿色植物称为自养生物，因为它们能自给自足；将动物称为异养生物，因为动物需要依靠植物或通过捕食其他动物来获取能量。

▲纵然动物和植物之间有着千差万别，但是组成它们的基本单位却都是一种东西——细胞。

# 植物如何自卫
## PINDU BAIKE

毒素是植物最有效的"防御武器"。当植物被碰触或吃掉时，这种毒素便发挥作用了。富含汁液的植物多半有毒，如箭毒木的乳汁含有强心苷，合欢含有氰化物，除虫菊内含除虫菊素等。

特殊气味是植物的又一"防御武器"。药用昆尾草和百里香的气味，使动物闻而生厌，更没有食欲。还有些植物，如胡椒、芥子和辣椒的叶子含有各种刺激性的物质，也使动物避而远之。

植物对病害的抵抗力是相当强的，它们受伤后，伤口会很快愈合，侵入的微生物也会被杀死。有的植物外面被角质层保护着，顶盔穿甲，绝大多数病菌都不能透过这种角质层。许多植物还会产生抑制微生物生长的物质，如亚麻根的分泌物中含有氰化物等。同时，当细菌侵入植物体内时，植物会产生特殊的能杀死病原微生物的物质——植物保护素。人们已经发现了多种植物保护素，如四季豆产生的菜豆素。

有的植物披针带刺，保护自己。玫瑰、洋槐和仙人掌身上都有叶刺。有些植物把针和毒两种"防御武器"结合起来，从而产生更有效的保护作用。螫人荨麻就是这种植物。

▲在大自然中，每一种生物如果没有它特殊的生存本领，最终都会被无情地淘汰掉，所以，无论是到处游荡的动物，还是扎根于泥土的植物，都会有自己生存的一套看家本领。

许多植物还能将分泌出的很黏的液态物质散布在表面，以捕捉那些爬上来的昆虫。如虎耳草的叶子上常常有一些昆虫尸骸，那就是被黏性保护物捕获并杀死的昆虫所遗留下来的。

为什么植物会有各种不同的味道

*P I N D U B A I K E*

柠檬的味道深受人们喜爱，晒干的柠檬果皮，泡出来的茶有微微的柠檬香和一点点清香，喝起来令人心情舒畅。

由于柠檬具有的特殊的味道和柠檬酸，所以柠檬汁是调制各种饮料和鸡尾酒的重要原料。

甜味，与糖类是分不开的。许多水果、蔬菜里都含有葡萄糖、麦芽糖、果糖以及蔗糖，甘蔗、甜菜里都含有蔗糖。

酸味，则是与酸类分不开的——醋酸、苹果酸、柠檬酸、琥珀酸以及酒石酸，它们常常存在于植物细胞内。酸葡萄有许多酒石酸，而柠檬简直是柠檬酸的仓库。

苦味，是人们所不喜欢的味道。然而，许多植物都是苦的。像中药，多半苦不可耐，难怪杜甫写下"良药苦口利于病"的诗句。苦味，常常是由于植物中含有一些生物碱而造成的。大名鼎鼎的黄连，就含有黄连碱。金鸡纳树皮能治疟疾，也是种"苦药"，它含有苦苦的金鸡纳碱。

至于辣味，那原因就比较复杂了。辣椒之所以辣，是因为它含有辣椒素。生萝卜有时也很辣，因为它含有容易挥发的芥子油。

涩，大都是单宁酸在捣蛋。生柿子含有很多单宁，所以涩得叫人嘴巴都张不开。此外，像橄榄、茶叶、梨子等，也都含有单宁，所以都有点涩。

**知识宝库**

植物在成长过程中，味道是会变的。例如柠檬、苹果、柿子等水果，未成熟时是涩的，往后，果实会变酸，再往后，果实会变甜。每一个转化过程都需要相应的酶。

# 为什么用拉丁名称来标注公园中树木的名称牌

▲在生物学中，双名法是为生物命名的标准。为每个物种命名的名字都由属名和种加词两部分构成。

在公园里游玩时，人们常会发现有的树上挂着一块牌子，牌子上注明了这种树木的名字。如果仔细观察，就会发现在树名的下面有一行字母，既不是树的中文名称的汉语拼音，也不是它的英文名称，而是这种树名字的拉丁文注释。

名称牌用拉丁文来注释是十分必要的。一方面，同一名称所代表的植物可能有几种，如我国称为"白头翁"的植物就有十多种。由于名称不统一，往往会造成许多意料之外的混乱，不利于国内和国际的学术交流，特别是在医疗中常用的植物，如果没有统一的名称会引起严重的后果。另一方面，因为不同的地区对同一种植物有着不同的叫法，所以用拉丁文的形式统一。如番茄在我国南方称番茄，北方则称西红柿，英语称为tomato；马铃薯在我国南方称洋山芋，北方则称土豆，英语称为potato。

为了统一植物的名称，植物学家们付出了巨大的努力，曾使用过"多名法"，后来都被"双名法"所代替。双名法是由瑞典植物分类学大师林耐推广使用的。双名法是指用拉丁文给植物命名，每种植物的种名，都由两个拉丁词或拉丁化的词构成：第一个词为属，相当于"姓"，第二个词是种名，相当于"名"，完整的学名还要加上最早给这种植物命名的人的名字，即第三个词是命名人，通常以斜体字书写。如银杏的种名为 Ginkgo biloba L.。因为拉丁文的使用比较少，变化小，一个拉丁文植物名只代表一种植物，而且名称比较短，所以被广泛地用于医学界的使用和植物的命名。

## 知识宝库

双名法系统的价值体现在它的简便性和广泛性。同样的名称在所有语言中通用，避免了翻译的困难，且任何一个物种都可以明确无误地由两个单词确定。

# 最长和最短寿命的植物是什么

**PINDUBAIKE**

生长在人们周围的花草树木都有着自己的生长规律，有些春天长出幼苗，到了秋天开花结果，然后就会枯萎死亡；有些幼苗长成幼树，幼树再长成大树，人们不知道它会在什么时候死去。

自然界中有如此多的植物，哪种植物的寿命最长呢？哪种又是寿命最短的呢？

据科学家考证，世界上寿命最长的种子植物可以存活6 000年以上，而寿命最短的种子植物只有三个星期。

在热带地区，有一种被称为龙血树的植物，它的最大植株在生长了6 000年后才死亡。那么，科学家们又是如何计算植物的年龄呢？原来，许多多年生的植物，每生长一年，在它们的茎中就会留下痕迹，只要科学家设法从树最老的基部取得一部分茎，以此来计算每个生长年植物能够长粗多少，再测量出这棵植物大致有多粗，就可以计算出这棵植物大约存活的时间了。

世界上寿命最短的植物是沙漠菊，它生长在沙漠地区，一生只能活二十多天。这是沙漠菊在长期的演化中，为适应沙漠环境而造成的结果。沙漠菊在开花结果后，它的种子能在干旱的环境中保存下来，等到第二年湿润季节的时候，种子才会发芽。

沙漠菊之所以有这样短暂的生命，主要是因为在沙漠地区比较干旱，一年之中的降雨特别稀少，有时只是在很短的时期内有雾而无雨。在这样恶劣的生存环境中，绝大多数的植物是无法生存的，只有极少数的植物可以存活。此外，由于干旱的时间特别长，这些植物只能在较短时间内完成从种子萌发到开花结果的生长过程。

**知识宝库**

有的多年生草本植物处于接近永生的状态，比如铃兰。也有的多年生草本植物有生理寿命限制，比如说竹子。同样，木本植物也是有生理寿命的，比如银杉可以活280年左右，而北方树种寿命较长，活一千多年是很正常的。

# 为什么有些 植物被称为"活化石"

PINDUBAIKE

被深埋在地下的几千万年以前的生物,经过复杂的地质、物理与化学过程形成了化石,所以化石形象地记录了当时生物和地球环境的信息,但化石绝不可能是"活"的。那么,为什么人们称有些植物为"活化石"呢?其实,这只是一种形象的比喻,就像人们习惯称做好事的人为"活雷锋"一样。

早在三亿年以前,裸子植物就已经出现了,两亿年以前,则是裸子植物在地球上最繁盛的时期。然而在三千万年前,地球上出现了几次特别寒冷的时期,科学家称其为"冰川时期",那时地球的气温大幅度下降。在这样严酷的环境中,裸子植物中的多数种类由于无法适应气候的变化而逐渐灭绝了。有些则地壳运动被深埋在地下成为化石。由于我国的山脉多为东西走向,这在一定程度上起到了阻隔冰川的

作用。因此,在我国存活了许多冰川时期遗留下来的裸子植物,而其他地方的裸子植物大都已经灭绝,成为了化石。人们将侥幸存活下来的这些裸子植物称为"活化石"。这些"活化石"为科学研究提供了宝贵的资料。在我国被称为"活化石"的植物有很多种,如银杏、冷杉、银杉、水杉、云杉、金钱松、柳杉、三尖杉、红豆杉等裸子植物,珙桐等则被称为被子植物中的"活化石"。

由于银杏生长缓慢,因此有着"公公种树,孙子收果"的说法,所以又被称为公孙树。银杏种子的种皮是白色的,故又名白果。野生的银杏树很少,现在许多国家已经引进栽培以达到保护珍稀树种的目的。银杏树树形优美,是园林绿化的珍贵树种,同时银杏种子中的果仁还具有润肺止咳等药用价值。

在我国,银杉被誉为是"植物中的大熊猫"。它的叶子呈扁平条形,腹面中脉凹陷,背面呈银灰色,在阳光的照耀下闪闪发光,因此得名银杉。银杉主要分布于广西、湖南、重庆、贵州等地。它的材质优良,可作为建筑、家具用材。

水杉是我国所特有的落叶乔木,树干挺直高大,花为球花,雌雄同株,树皮易脱落成薄片,树干上侧生小枝为对生,其叶扁平且交互对生呈羽状,排成两列。冬季时水杉的树皮与

> **知识宝库**
>
> 木贼、银杏都是植物活化石。木贼出现在大约4亿年前。银杏是银杏科植物中唯一从3亿年前活到现在的植物,是真正的活化石。

侧生的小枝一同脱落。这种"活化石"是在1941年于我国湖北省与四川省交界处被发现的。水杉的同属植物在第三纪时广泛分布于北半球，冰川时期以后大多绝灭，仅存留水杉。

　　红豆杉的叶为条形，叶片腹面中脉凹陷，其种子单生于叶腋，成熟时包于鲜艳的红色肉质假种皮中。红豆杉木质优良、树形优美、种子鲜艳，是一种很好的建筑材料和观赏植物。此外，红豆杉还具有一定的药用价值，在红豆杉的树皮和嫩枝叶中，可以提取一种抗白血病、抗子宫肿瘤细胞增生的药物。

　　这些珍贵的"活化石"是在地球环境剧烈变化过程中幸存下来的稀有物种，需要人们的保护。

# 为什么沙生植物的根特别长

## PINDUBAIKE

　　沙漠是指气候干旱、植被稀疏，地面以沙粒为基本覆盖物的自然地带。沙漠地区最明显的气候特征就是降雨极少，风极大，常年干旱。在沙漠地区生存的植物必须能够适应这种恶劣的环境。这些生长在沙漠中的植物，的确是了不起的植物，它们有许多地方与别的植物不同，尤其是它们那发达的、深入地下的根。

　　为什么沙生植物的根会特别长呢？

　　沙生植物的根之所以如此长，一方面是为了抗风，发达的根系一直延伸到风难刮到的深层沙地中，不仅牢牢地固定了植物的根，而且使表层浮沙在大量的须根牵扯下得到了一定的固着，减少了扬尘现象；另一方面是为了抗旱，发达的根系能够较大幅度地增加植物吸收水分的面积。其实，沙漠中的干旱是相对的，表层沙面的水分易干，但深层沙地中还留积着少量的水分。沙生植物庞大的根系能够积少成多，最大限度地补偿水分的缺乏，维持植物生长的需要。所以说，沙生植物的根特别长是对特定环境条件的高度适应的结果。

　　很多沙生植物根的生长速度极快，特别是在幼苗时期，如果生长速度不快，风吹沙动就难以扎根。扎根之后，沙生植物的根在横向和纵向上迅速生长。与地上部分比较，地下部分在横向和纵向上都是地上部分的几倍、十几

倍，甚至几十倍。有些植物的根长达几米、十几米，甚至几十米。如绵蓬，植物的地上部分高10厘米，主根长20厘米，侧根长40厘米；沙竹，植物的地上部分高1米，主根长2.5米，侧根长13米；沙柳，侧根长10米以上；骆驼刺的根则一直能延伸到有地下水的地方。

　　沙生植物能够有效地改善沙漠地区的生态环境，随着沙地植物的生长，地面蒸发量减小，在一定程度上降低了沙漠地区的干旱程度。同时，由于沙生植物的存在，地面的浮沙量减少，改善了其他植物的生存环境，也为沙生植物能够更好地生长和发展创造了更多有利的条件。沙漠中的绿洲，与其说是环境为植物生长准备了条件，还不如说是植物本身为自己创造了条件。

> **知识宝库**
>
> 根是维管植物体轴的地下部分，主要起固着和吸收的作用，同时还有合成和储藏有机物以及进行营养繁殖的功能。

## 耐沙漠能力

生长在沙漠中的植物还具有耐沙暴沙埋的能力。红柳、沙蒿和花棒的枝干被沙埋后可以生出不定根以阻拦大量流沙。

## 奇特形态

沙生植物由于长期生活在风沙大、雨水少、冷热多变的严酷气候下，练就了一身适应艰苦环境的本领，形成了种种奇特的形态。

为什么幼苗的叶子数量不一样

P I N D U B A I K E

▲不同植物的叶子形态各异,有针形、卵形、圆形、扇形、镰刀形、肾形、心形、提琴形,甚至还有钥匙形的叶子。

▲被子植物通常分为双子叶植物和单子叶植物两个主要类群。

在生活中,你是否发现了关于植物的一个有趣现象:有的幼苗有一片叶子,有的幼苗有两片叶子,有的却有五片叶子。例如小麦幼苗只有一片叶子,而菜豆幼苗却有两片叶子。这是怎么一回事呢?

菜豆种子里没有胚乳,只要剥掉外面一层种皮,就可以看到两片肥厚的白色豆瓣,这就是两片子叶。子叶是种子中最大的部分,它里面含有丰富的营养物质,代替了胚乳的作用,可以满足种子发芽和幼苗生长的需要。除了菜豆以外,蚕豆、大豆、棉花、柑橘、苹果、黄瓜、向日葵以及其他蔬菜类作物的种子,也都具有类似的构造。

如果把小麦外面的一层种皮剥掉的话,它的构造与菜豆就不同了。它只有一片子叶,夹在胚与胚乳之间,里面养分很少,所以在这一类种子里,绝大部分由胚乳占据着。不仅小麦具有这样的构造,水稻、玉米、高粱、大麦以及其他许多类似植物的种子也都如此。

植物学家根据这些植物种子的不同构造,把像小麦种子一类构造的叫做"单子叶植物",像菜豆种子一类构造的叫做"双子叶植物"。

**知识宝库**

双子叶植物的根系基本上是直系,主根发达;叶脉为网状脉;花中萼片、花瓣的数目都是5片或4片。单子叶植物的根系基本上是须根系,主根不发达;主要是草本植物;叶脉为平行脉,花中的萼片、花瓣的数目通常是3片,或者是3片的倍数。

# 放久后的红薯为什么特别甜
## PINDUBAIKE

　　有生活经验的人都知道，红薯在刚收获时味道很淡，但经过一段时间的储藏后，红薯的味道就会变得特别甜。这究竟是什么原因呢？

　　这主要是因为，红薯在生长期间，自身的温度相对较高，所以只能积累淀粉，糖分却很少。与此同时它的水分较多，所以这时把红薯挖出来吃，红薯的甜味会很淡。如果把红薯储藏一段时间，红薯中的水分就会减少，皮上会起皱纹。水分的减少对于甜度的提高有很大的影响。这主要有两个原因：一是水分蒸发导致水分的减少，红薯中糖的浓度就会相对增加；二是在储藏存放的过程中，水参与了红薯内淀粉的水解反应，淀粉水解变成糖，使得红薯内糖分增多。这样，红薯在储藏久了以后，自然就会越来越甜了。

　　红薯的储藏也很讲究方法。在储藏中，红薯不可与马铃薯一起混合储藏，因为它们一个怕冷，另一个怕热。而且，红薯也不能够储藏太久，如果时间过久，薯块就会腐烂。在我国农村，农民们通常会在地下挖一个地窖，用以储藏红薯。天热时打开窖口降温、换气；天冷时盖住窖口保暖。这种地窖既可达到冷藏的效果，又可以起到保暖的作用。经地窖储藏后的红薯在第二年春天就能够作为种薯播种了。

　　▼红薯含有丰富的淀粉、膳食纤维、胡萝卜素、维生素以及多种微量元素和亚油酸等，被营养学家们称为营养均衡的保健食品。

知识宝库　吃红薯时要注意一定要蒸熟、煮透。食用红薯不宜过量，中医提到的湿阻脾胃、气滞食积者应慎食。

# 为什么颜色 也能充当植物生长的肥料

PINDUBAIKE

最近科学家提出,"颜色"也可作为肥料,而且增产效果十分显著。我们知道,太阳光是由红、橙、黄、绿、蓝、靛、紫七种单色光组成的。经科学实验证明,植物叶片在进行光合作用时,叶绿素对太阳光并不是全部吸收,而是较多地选择吸收红光、蓝光和紫光,对绿光则很少吸收。

植物吸收不同颜色的光线,对它们的生长会产生不同的影响。比方说,波长 400~500 微米的蓝紫光,可以激活叶绿体的运动;波长 600~700 微米的红光,不仅能增强叶绿素的光合作用能力,促进植物的生长,还能提高植物的含糖量;而蓝色光,则能增加作物的蛋白质含量;至于橙色光和黄色光,在促进叶绿素的光合作用上,虽然逊色于红色光,但却比紫色光高 2 倍。

科学家们在有色光对植物光合作用影响

的大量研究中受到启迪,如果让农作物处在适合的色光中,它们就可以更好地进行光合作用,这不就可以提高作物的产量吗?

于是,科学家们把目光投向了彩色塑料薄膜。通过彩色薄膜,给农作物盖上不同色彩的"被子",以促进农作物生长发育。

植物对色彩的吸收具有选择性,这是因为植物体内遍布着一种叫植物色素的化合物。它不仅具有调节植物生长功能的颜色感知器,而且还可感知光波波长的细微变化。合适的光波波长能够提高作物的光合作用效率,促进作物的生长,从而获得高产。

实践证明,如果采用红色薄膜培育棉苗,棉苗不仅株高茎粗,而且根系发达,侧根多,叶大而色绿,病害少,为棉花丰产奠定了基础。把黄色薄膜罩在茶树上,茶叶产量提高,香味浓郁。用红色薄膜覆盖甜瓜,瓜的含糖量和维生素成分提高,而且可提前半个月成熟。小麦在红光下,可以加速生长,提高产量。辣椒在白光下生长较好,在红光下则更好。茄子在紫光或紫色薄膜的覆盖下,果实既大又多。菠菜在紫色或银色薄膜覆盖下,生长非常迅速。番茄在紫色、橙红色和黄色薄膜下,都可以大幅度提高产量,但以覆盖紫色薄膜的增产幅度最大,达40%以上。

农业科技人员还用红、绿、蓝、白4种薄膜分别覆盖在早稻秧田上进行育苗试验。结果表明,覆盖蓝色薄膜的秧苗最为理想,苗壮、分蘖多,干物质重量增加。在黄瓜苗期,用黑色薄膜覆盖几天,可以促进黄瓜早日现蕾、开花;而后用橙色、红色和黄色薄膜覆盖,也同样可以提高产量。但用蓝色薄膜覆盖黄瓜,则对它的生长不利。

由此可见,植物生长对光的波长也有一定的选择性。如果采用彩色薄膜滤光技术,可以增强有利于作物生长的色光,达到稳产、高产的目的。所以,从这个意义上讲,颜色也是一种肥料。

**知识宝库**　植物对不同颜色光线的选择,对它们的生长会产生不同的影响。波长 400~500 微米的蓝紫光,可以激活叶绿体的运动;波长 600~700 微米的红光,不仅能增强叶绿素的光合作用,促进植物的生长,而且还能提高植物的含糖量;而蓝色光,则能增加作物的蛋白质含量。

蓝色光源(400~500纳米)对植物的分化与气孔的调节十分重要。如果蓝光不足,远红光的比例太大,茎部将过度生长,容易造成叶片黄化。

# 为什么萝卜会出现分叉和开裂的现象

▲红萝卜是一种很常见的蔬菜,肉质脆嫩多汁,形美色艳,价格低廉。有喜庆宴会时,厨师经常用红萝卜雕出精美的造型,寓意吉祥。

▲白萝卜里含有丰富的营养,而且具有消腻去脂、化痰、止咳的功效。

　　秋末冬初,人们通常会购买一些萝卜,以储备冬用。市场上出售的萝卜,新鲜水灵,很让人喜欢。不过有些萝卜会有分叉,甚至出现开裂的现象出现,这究竟是为什么呢?

　　萝卜分叉是侧根膨大的结果,当萝卜播种后,它的根是一直向下生长的。由于植物的根、茎生长具有顶端优势,即主根、主茎优先生长,而侧茎、侧根生长被抑制,因此随着植株的生长,肉质根渐渐膨大起来。如果在生长过程中弄断了主根,如移栽,则顶端优势被消除,侧根萌发出来逐渐膨大,就会开叉。分叉的数目一般是1~2个,有的也有4~5个,这些侧根在正常情况下,只有吸收水分和养分的作用,若萝卜的主根受到破坏,侧根因累积养分而膨大。如土壤黏重,耕作层太浅,或耕作层中石砾、树根过多,中耕锄草锄伤根尖等等都能导致主根停止生长,侧根迅速膨大,就会造成萝卜分叉现象。

　　萝卜开裂,与土壤水分供应不均匀有关。萝卜并不耐旱,如果在萝卜的生长初期,供水不充足的话,根的皮层组织就会慢慢硬化。而在生长后期供水充足,那么肉质根木质部的薄壁组织就会迅速生长而膨大。这样,外部已经硬化的皮层无法跟上内部组织的生长,因此表皮会被胀破,出现开裂。如果萝卜在生长早期遇到干旱气候,应注意及时灌溉,在萝卜的整个生长过程中,水分必须供应均匀,这样就可避免萝卜开裂。

## 知识宝库

　　萝卜有很高的营养价值,含有丰富的碳水化合物和多种维生素。近来有研究表明,萝卜所含的纤维木质素有较强的抗癌作用,生吃效果更好。

# 为什么黄连特别苦

黄连是毛茛科的一种多年生草本植物,种类繁多。有的种类为单枝,略呈圆柱形;有的集聚成簇状,弯曲如鸡爪,表面为灰黄色和黄褐色。黄连味道极苦,民间早传有"黄连苦,苦连心"的俗语。黄连虽苦,却可作为药用,它所含的黄连素具有很高的药用价值。

黄连苦苦的味道让很多人难以接受,因此很多人都不愿吃黄连素片。如果将黄连的根放入一杯清水中,没过多久,就会看到一种黄色的东西从黄连根里流出来,整杯清水会逐渐变成淡黄色。这种淡黄色的东西叫做"黄连素"。正是因为有黄连素存在于黄连中,所以黄连才会那么苦。

黄连能够成为中药药材,也是因为其中含有的黄连素可以治病的缘故。在中医学上以黄连根状茎入药,性寒、味苦,其功能为清热燥湿、泻火解毒,主治高热、燥热、胸闷呕吐、臃肿、疔毒、目赤、口疮等症。

在我国,黄连主要产于四川。此外,云南、湖北、陕西等省也有分布。它生长在高山林下的阴湿地方。黄连属的许多植物中都含有黄连素,黄连素是一种生物碱,不同的植物体中会含有同一种生物碱,如黄檗等植物中,也含有黄连素。

黄连之苦名副其实,因为黄连的根茎里含有7%～9%的黄连素,将其与大量的水混合后仍有苦味。由此不难知道,为什么黄连素药片的外面会有一层糖衣了,如果没有糖衣包裹,黄连素的苦味会让人无法下咽。

▼黄连为多年生草本植物。叶柄长5～12厘米,聚伞花序顶生;有5片萼片,黄绿色;花瓣倒披针形,长约为萼片的1/2,中央有蜜槽。

**知识宝库**

黄连的花期为每年2～4月,果期为3～6月。野生或栽培于海拔1 000～1 900米的山谷凉湿荫蔽密林中。主要产于四川、湖北等地区。

# 为什么说小草 有极其旺盛的生命力

**PINDUBAIKE**

"离离原上草，一岁一枯荣。野火烧不尽，春风吹又生。"白居易的这首五言诗描写了小草顽强的生命力。烧过的小草为什么还可以再长出来呢？难道小草不怕火吗？

植物要求其生长的土壤里含有一定的矿物质，这样通过吸收利用，植物才能生长发育。枯萎的小草经过大火焚烧之后变为灰烬，这些灰烬会转化为矿物质，为植物的再次生长提供养料。并且对小草来说，原来草的地上部分的茎和叶虽然烧掉了，但地下部分的根和茎并未受到太大的影响。因为一株植物分为地上和地下两部分。地上部分的叶主要是在光照条件下把二氧化碳和水制造成有机物，而地下部分的根主要是吸收水分和矿物质为生命活动提供养料。茎的主要作用是为植物运输有机物、水分及无机盐。茎一般在地上，不过有的茎长在地下，形状像根，我们称之为根状茎。小草被火烧后，地下的根和茎仍然还是活的。因为土壤是热的不良导体，在一定深度以内温度不会有昼夜变化。

有些草地下面的芽会生出有保护作用的鳞片，因为有这种鳞片的保护，有一部分种子有可能不会被烧死，而且对于喜好高温的种子来说，一定的高温更能促进其萌发。

▲人们常用绿草如茵来形容草生长旺盛的状态，无论是在岩石的缝隙里还是干旱贫瘠的土地上，我们都能够发现小草的身影。

**知识宝库**

草是草本植物中的一个大家族，但并非植物科学分类中的一个单元。与草本植物相对应的概念是木本植物，人们通常将草本植物称为"草"，而将木本植物称为"树"。偶尔也有例外，比如竹，就属于草本植物，但人们经常将其看做是一种树。

# 植物身上的刺 和卷须是怎样形成的

**PINDUBAIKE**

仙人掌是沙漠中最典型的植物。它们在长期干燥酷热的环境中进化出特殊的耐旱生理结构，并得以生存。

仙人掌的茎大多变得十分粗壮，肉质多浆，绿色的茎能够进行光合作用制造营养物质，同时茎内还可以储存大量的水分。仙人掌的叶退化为又尖又硬的刺，长在茎上。叶子退化成为刺，水分就不容易从身体里跑出去，这就极大地减少了水分的蒸发，使体内水分消耗减少。仙人掌的这些特殊的生理结构是它们长期适应高温、干旱等恶劣环境的结果。

在日常生活中，人们所熟悉的葡萄，通常都是借助葡萄架攀爬生长的。茂密翠绿的叶子、蜿蜒攀爬的藤蔓衬着亮晶晶的葡萄，十分好看。实际上，葡萄是靠它的茎上长出的茎卷须向上或向周围攀爬生长的，西瓜、冬瓜等植物也是如此。而豌豆则是靠由叶腋长出的叶卷须攀爬生长的。这些植物之所以依靠长出的卷须向上生长，主要是因为有些植物的茎非常柔软，不能直立生长，而且也不能缠绕在别的物体上，所以它们只有借助卷须攀缘在其他物体上才能向上爬升。茎卷须是植物十分常见的一种攀缘工具，卷须会从一些植物的枝条上长出，努力延伸寻找支持物，借以依靠支持物继续向上攀爬、生长。卷须一般都柔软卷曲，细长如须子一样，它们在空中蜿蜒延伸，有时会编织出多变的图案，形成一道美丽的风景。

**知识宝库**

仙人掌的刺是由于它的叶片长期处于特殊环境下特化的结果，而为了储存更多的水分，茎部则变得肥厚而多汁。

# 为什么要抢救濒于灭绝的植物

P I N D U B A I K E

▲苏铁为世界上生存最古老的植物之一。在我国福建、台湾、广东各省均有分布,日本、印尼及菲律宾亦有分布。上图为苏铁雄花。

目前,全球有许多种类的植物都濒临灭绝。在一些工业化程度较高的地区,植物种类的消失速度更是惊人。有人作过统计,20世纪初期在欧洲还可以见到的植物种类中, 现在约有1/10再也找不到了。就拿夏威夷群岛来说,这个岛上的维管束植物约2 700多种,其中就有800种大祸临头,270多种已经灭绝。正在消失的植物中不仅有野生、半野生的种类,就连一些人们栽培的品种也正遭到同样的命运。

那么, 植物种类的消失将会产生什么恶果呢?首先,有些植物是名贵药材、香料及工业原料,一旦灭绝,将使人类失去宝贵的财富;其次,许多野生植物虽然目前尚未被人们发掘利用,但它们经过长期的自然选择, 有各种各样高强的本领和可贵的特性,也将是人类的宝贵资源。日常生活中我们所食用的香蕉是没有籽的。但是野生香蕉就有籽,且硬如沙粒,不能食用,所以野生香蕉从不受到人们的喜爱。但是,假使整个热带美洲的栽培种香蕉受到"巴拿马病"严重威胁时,人们将不得不向野生香蕉求救,以便把野生香蕉的抗病性基因"搬"到栽培种身上,培育抗病品种。

野生植物中的好东西多着呢! 近年来,人们不断从野生植物中找到一些对高血压、癌症有疗效的植物。大家都知道,猕猴桃是目前世界上的一种新兴水果,以维生素C含量高而著称,每100克鲜果

中就含有 100~420 毫克维生素 C，比一般水果高 3~10 倍，果实酸甜适口、风味特佳。其实，猕猴桃的老家就在中国，我国的猕猴桃资源非常丰富。最近，我国在河南发现一个猕猴桃的变种，叫软毛猕猴桃，果实成熟后果面光滑，比目前世界上猕猴桃栽培较多的国家新西兰的硬毛种更适于生食和加工。

显然，如果任由植物种类不断丧失，许多有价值的植物在还没有被人们认识和利用之前就可能消失得无影无踪了，这个损失是无可挽回的。至于大规模的植物种类消失，将可能导致生态系统失去平衡，那将会造成绿洲沙漠化、风灾、旱灾、水灾接连不断，到头来，人类自身也无法逃脱大自然的惩罚。

"救救植物！"这是生物学家发出的紧急呼吁，抢救和保护快要灭绝的植物已引起国际上的普遍关注。近年来，有些国家已开始建立规模巨大、设备先进的种子库和基因库，尽一切可能搜集和保存世界各地的植物种类，采取切实有效的措施来抢救那些濒于灭绝的植物。

**知识宝库**

植物是生态系统的重要组成部分。它不仅对人类的生存和发展起着重要作用，同时也造就了多姿多彩的大自然，维护了自然界的生态平衡。如果植物种类不断灭绝，那么将对人类的生存环境产生极大影响，后果不堪设想。

# 树真的怕剥皮吗

P I N D U B A I K E

植物的皮里有一层叫做韧皮部的组织，韧皮部里有管道，养料就是通过这些管道运输的。有些树木已经空心，但仍生机勃勃，就是因为韧皮部存在，能输送养料的缘故。

一棵棵参天大树拔地而起，它们翠绿的叶子、细嫩的枝芽，充满了无限的活力。但是无论这棵树多么有生机，多么有活力，一旦它的树皮被大面积地剥掉，就会导致整棵树木的死亡，所以有"树怕剥皮"这一说法。那么，树为什么怕剥皮呢？

在我们说明树为什么怕剥皮之前，首先了解一下树皮到底指的都是树木的哪些部分。树皮可以分为两部分，即死的部分和活的部分。死的部分手感粗糙、坚硬，也就是我们看到的树干的表皮部分；活的部分藏在死的部分里边，人们常常把木质茎中形成层外的全部组织统称"树皮"。

树皮对于树木的作用是十分重要的。树皮着生在树茎的外部，它就像盔甲一样保护着树茎。而树木的根所吸收的水和养分主要靠树皮中的木质部向上运输，树叶在光合作用下形成的供植物生长所需的光合产物，同时又靠韧皮部向下运输直到根部，以保障树木正常的生长。

▼俗话说："人怕打脸，树怕剥皮。"如果树皮被大面积剥掉，树木的韧皮部受损，树根就会由于得不到有机养分而死亡，从而导致整棵树死亡。

有时候，我们少量地剥掉一些树皮对树木的影响还不是很大，如果割得不是很深，伤害不到传送水分和无机盐的木质部的话，经过一般时间，根系吸收的水分和矿物质还会沿植株的木质部正常向上运输，树木的枝叶仍然可以正常生长；但是如果将树皮环割得过宽，上下树皮就不能连接，时间一长，根系原来贮藏的养料消耗完毕，根部就会由于接收不到韧皮部传送来的营养而被慢慢"饿"死。地上部分的枝干得不到充足的水分、养料，树木也就无法进行正常的光合作用和呼吸作用，最后整棵树便会死亡。因此，树是非常怕剥皮的。

# 洋葱和大蒜晒干后种在地里还能长苗吗
## PINDU BAIKE

**知识宝库**

大蒜能够消炎杀菌。大蒜挥发油所含的大蒜辣素,具有明显的抗炎灭菌作用。同时大蒜还有降血脂、抗动脉硬化,预防肿瘤、抗癌的作用。

我们的生活离不开水,长时间不喝水就会觉得口渴难耐;植物的生长也离不开水,如果长时间不下雨一些植物就会因为干旱而死掉。因此人们常说:水是生命之源。离开水就很难有生命的存在。但洋葱和大蒜被太阳晒干后,种在地里还能长苗,这令人非常惊奇。那么,为什么晒干的洋葱和大蒜种在地里还会长苗呢?

其实,洋葱和大蒜并不是它们的种子,而是植物体的地下的变态茎,可以直接用于繁殖,通常晒干保存。生物体内的水分有两种状态,一部分水能够自由流动,叫自由水;另一部分水跟其他物质结合,较难流动,叫结合水。所谓保存时晒干,只是使生物体失去了能够自由流动的那部分水,这样有利于保存,但跟其他物质结合的那部分水是很难晒干的。所以洋葱和大蒜在晒干后种在地里还能长苗。

其实,生物是离不开水的,太阳并没有真正把洋葱和大蒜晒干,之所以能够继续长苗,是因为洋葱和大蒜体内那神奇的结合水。

洋葱营养丰富,且气味辛辣,能增进食欲,促进消化,可用于治疗消化不良、食欲不振、食积内滞等症。

洋葱有独特气味,剥洋葱皮时辣味会刺激泪腺,让人不停地流泪。但如果把洋葱浸到凉水中去剥皮,就不会"辣眼睛"了。

# 植物的落叶是叶背朝天还是叶面朝天呢

PINDUBAIKE

我国北方每逢秋季，气温较低，雨水骤减，植物的根部吸收作用随之降低，植物体得到的水分与无机盐减少，无法正常地进行光合作用等生理活动，这时就会产生落叶现象。

每逢深秋时节，树木的叶子就会随着瑟瑟的秋风缓缓地飘落到地面上，层层叠叠，踩上去很松软，很舒服。但是，不知道你观察过没有，掉到地上的树叶是叶背朝天还是叶面朝天呢？如果你是个细心的人，就会发现：植物落叶大多是叶背朝天，叶面朝下。尤其是一些宽大一点的叶子，这种现象更明显。这是为什么呢？

要弄明白这一问题，要从叶子的内部结构说起。很多植物的叶背和叶面在植物生长时接受光的量是不同的，这是因为叶背和叶面在内部结构上具有明显差异。如果我们对植物的叶子做横切面切片，在显微镜下观察横切面上的细胞结构会发现：大多数植物叶子靠近叶面的细胞，有一排紧密排列的长方形细胞，就像我们房子的阳台下的竖排栅栏，所以又被称为栅栏组织；而靠近叶背的细胞排列疏松，好像海绵的状态，所以又称海绵组织。栅栏组织不仅

细胞排列紧密，而且含有大量的叶绿素，这些叶绿素接收光能，利用空气中的二氧化碳制造大量的有机物。海绵组织排列疏松，叶绿素比较少，主要是储藏一些植物的内部产物和水。叶子干燥或发黄脱落时，栅栏组织结构紧密，密度较大；海绵组织结构疏松，密度较小。叶落时，叶面比叶背相对重一些，所以叶面先到达地面。如果不是人为或风吹翻动，大多数植物的叶子都是叶面朝下，叶背朝上的。

▲枫叶的形状像一只手掌，5裂，长度约为13厘米，宽度略大，3片较大的裂片带齿，基部呈心形。秋季时变为黄色或橙色或红色。

# 仙人掌类植物 为什么 多肉多刺
## PINDUBAIKE

仙人掌的故乡在南美洲和墨西哥，它的祖辈们面对严酷的干旱环境，与滚滚黄沙斗争，与少雨缺水、冷热多变的气候斗争。千万年过去了，它们终于在沙漠里站稳脚跟，然而体态却变了样：叶子不见了，茎干成为肉质，多浆多刺……

这种变化对仙人掌类植物大有好处。大家知道，植物的需水量很大，它吸收的水大部分消耗于蒸腾作用，叶子是主要的蒸腾部位，大部分水分都要从这里跑掉。为对付酷旱，仙人掌的叶子退化了，有的甚至变成针状或刺状，这就从根本上减少了对水的需求。仙人掌节水能力到底有多强？有人把株高差不多的苹果树和仙人掌种在一起，在夏季里观察它们一天消耗的水量，结果是苹果树 10~20 千克，而仙人掌却只有 20 克，相差上千倍。这不是仙人掌吝啬，而是生存的需要。

▲仙人掌大多分布在干燥地区，少数种类分布在热带或亚热带地区。其茎肥厚，含叶绿素，为草质或木质。其叶大多极度退化，甚至已经消失。

仙人掌的刺也有多种，有的变成白色茸毛，不但可以反射强烈的阳光，借以降低体表温度，也可以收到减少水分蒸腾的功效。

仙人掌一方面最大限度地减少水分蒸腾，一方面又大量储水。如果不储备水分，在雨水稀少的沙漠地带，就随时有干死的可能。仙人掌的茎干变得肉质多浆，根部也深入沙地里，这能够吸收储存大量水分，因为这种肉质茎含有许多胶体物，吸水力很强，但水分要想逸散却很困难。

**知识宝库**

仙人掌具有很高的观赏价值。其果实不仅可以生食，还能酿酒或制成果干。人们通常用仙人掌来煲汤或者烤制，也可以做成馅饼，还能够腌制。而有些柱状仙人掌的木质躯干可以被用作建筑材料。其片状茎节可作为牲畜饲料，它的黏稠汁液还可作为净化剂，清洁水源。

为什么秋天后的绿叶颜色会改变

P I N D U B A I K E

秋高气爽，艳阳高照，此时徜徉在树林中，树上时而飘落一片片金黄或火红的叶子，不禁让人们浮想联翩，也许有人会产生这样的疑问：绿色的叶子为什么到秋天就改变了颜色呢？

叶子的颜色都是由它所含有的各种色素来决定的。正常生长的叶子中总含有大量的绿色色素，叫做叶绿素。另外还有黄色或橙色的类胡萝卜素、红色的花青素等等。叶绿素和类胡萝卜素都是进行光合作用的色素，它们都集中在细胞内的叶绿体小颗粒中。叶绿素的作用就是通过它本身的化学反应把太阳能变成化

▲叶柄的主要作用就是将叶片与植物的茎相连，通常叶柄位于叶片的基部。

▲叶片的表面是由许多排列紧密、无色透明的细胞组成的，往往细胞外壁会有一层起到保护作用的蜡质。

学能来合成营养物质。所以它的化学性质很活泼，也很容易被破坏。夏季叶子能长期保持绿色，那是因为不断有新产生的叶绿素来代替那些老化的老叶绿素。类胡萝卜素是比较稳定的，对叶绿素还能起一定的保护作用。而有些植物，如秋海棠等，它们的叶子常年都是红色的。因为它们的叶细胞中除了含有叶绿素、类胡萝卜素外，还含有较多的红色素，如藻红素等，叶中绿色素含量少，所以它们的叶色就是红色的。除此之外，还有些植物，如红叶朱蕉、

**知识宝库**

叶绿素含有的成分具有造血功能，能够帮助我们排除体内的杀虫剂以及药物残渣，而且还具有养颜美肤的特殊功效。

雁来红、红背桂等，这些植物的叶片正面或背面的细胞中含有红色的花青素，因此它们的叶片正面或背面会呈现红色。

当秋天到来时，白天会慢慢变短，夜晚则会慢慢变长，大部分树木都开始落叶。除一些常绿树木外，植物的叶子都会变成黄色。在落叶之前，树木不再像春天和夏天那样制造大量的叶绿素，并且已有的色素，比如叶绿素，也会逐渐分解，数量减少，而类胡萝卜素比较稳定，叶子中绿色素和黄色素的比例下降，这样，随着叶绿素含量的逐渐减少，其他色素的颜色就会在叶面上渐渐地显现出来，于是树叶就呈现出黄、红等颜色。此外，因为秋天时温度降低，植物体内积累较多的可溶性糖，如葡萄糖、蔗糖等以适应寒冷，这有利于红色的花青素的形成。秋季飘落的树叶，或满眼的金黄，或一地的火红，不禁让人感叹大自然的神奇造化。这美丽的景色使得无数诗人、画家为之陶醉，创作出许多杰出的作品。

叶子是植物制造养分进行光合作用的主要器官，它为生物提供氧气和食物。

人们将叶片上粗细不等的脉络称为叶脉。按叶脉的形状可将其分为两种，即网状脉和平行脉。

# 植物为何 被称作"绿色加工厂"
## PINDUBAIKE

植物在人类的生活中发挥着巨大作用，它们不仅为人类提供食物、脂肪及蛋白质，同时又能够净化人类生产所制造的废气，绿色植物吸收人类呼出的二氧化碳，提供给人类赖以生存的氧气。从这些来看，植物真不愧是神奇而伟大的"绿色加工厂"。

绿色植物依靠叶子制造营养物质。它们的叶子有着神奇的本领，能够吸收与利用太阳光的能量，把从根部吸收上来的水分和由叶面吸收进来的二氧化碳结合起来，制造有机物质并释放出氧气。这一过程就被称为光合作用，光合作用的产物就是有机物。假设一个人活 60 岁的话，大约要吃 1 万千克糖类（碳水化合物），1 600 千克蛋白质，1 000 千克脂肪，这么多的食物从何而来呢？这就是绿色植物——叶片的功劳。

绿色植物不断地进行光合作用，释放出的氧气被人类加以利用，而人类呼出的二氧化碳又被植物吸收。有人做过这样的计算，如果每人每天吸进 0.75 千克的氧气，呼出 0.9 千克的二氧化碳，全世界以 60 亿人口计算，每天就需要 45 亿千克的氧气，每天排出的二氧化碳就有 54 亿千克。由此就可以看出植物的功劳有多大了。

阔叶树木可以有效防止和减轻空气污染，所以在一些粉尘和污染比较严重的地方，人们常会种植较多的阔叶树木。绿色植物为人类提供了新鲜的氧气，净化了被污染的空气，是名副其实的"绿色加工厂"。

▼叶子是植物在进行光合作用的最关键的部分，它高高地挂在树枝上，接受阳光的照射，并且不停地释放出氧气。

**知识宝库**

光合作用是指植物和藻类利用自身的叶绿素将可见光转化为能量，驱动二氧化碳和水转化为有机物并释放氧气的过程。它是生物界赖以生存的生化反应过程。

# 为什么森林 中的氧气晚上比白天少

PINDUBAIKE

植物的呼吸作用和人类的生活是紧密相关的,我们晚上不要把花盆放在屋子里,以避免因植物呼吸而引起室内氧气浓度降低。特别是幼儿房间摆放植物,到夜间应及时搬走,否则将直接影响孩子饮食和休息。

人们通常都会有这样的感受:白天走进森林的时候,会觉得神清气爽,感到空气很新鲜。而如果是晚上进入森林,人们通常会觉得头晕,有时还很有可能因此而迷路。这究竟是什么原因呢?难道树木在夜晚也休息吗?

原来,由于白天有阳光,植物能利用光能,把二氧化碳和水经光合作用生成有机物,同时释放出氧气,森林中所有的植物都不断地从空气中吸收二氧化碳,并释放出氧气到空气中,这样空气中的二氧化碳含量越来越少,而氧气含量越来越多。光合作用使得森林中的二氧化碳含量远远小于氧气的含量。虽然白天植物也在进行呼吸作用,但因氧气不断产生,所以人们在白天进入森林时不会产生眩晕的感觉。

到了晚上,由于没有了阳光,植物无法进行光合作用,不能吸收空气中的二氧化碳,也不能释放氧气到空气中。植物此时只进行呼吸作用,吸收氧气而放出二氧化碳,所以空气中的氧气便越来越少,而二氧化碳则越来越多。由于二氧化碳的密度比空气大,所以晚上森林下层的二氧化碳浓度比上层要高,人在森林中行走时,便会头昏。如果走累了,最好也不要坐下来休息,因为越贴近地面,二氧化碳浓度就越大,头晕的感觉会加重。

白天,树木可以进行光合作用,吸收二氧化碳,释放出氧气。晚上,植物无法进行光合作用,会进行呼吸作用放出二氧化碳。因此,晚上森林中的氧气比白天少。

▲森林就像大自然的"调度师",它影响着气候的变化,保护着土壤不被风雨侵犯,减轻污染给人们带来的危害。

▲森林通常被人们称为绿色的银行、防风的长城、天然的吸尘器等。

# 森林中冬暖夏凉的原因是什么

PINDU BAIKE

夏日炎炎，人们习惯到树荫下乘凉，更愿意走入大森林，去那里享受清凉。然而当冬季到来时，寒风刺骨，天气冷得让人全身发抖，不过如果这时去森林中走走，会觉得暖和多了。大森林里冬暖夏凉，这是什么原因呢？

我们都知道，水分蒸发会从环境中吸收热量。夏天时，阳光比较强烈，森林进行光合作用吸收大量的太阳光能。同时，植物蒸腾作用也很强。蒸腾作用是植物体内的水分以气体形式通过气孔扩散到空气中，使太阳光的热能转化为水分子动能；同时散发到空气中的水汽增加了空气的湿度，大气气温升高也因此而变缓。夏天，如果把地板弄湿，会感到比较凉爽，这就是水分蒸发要从环境中吸收大量热量的原因。

夏天，树木生长旺盛，枝叶十分茂密，阳光不能直接照射到树下，而且有的树的表面呈灰白色或浅色，有的有一层蜡质，这些都有利于光线的反射。有些植物具有反射红外线的功能，而红外线的热效应是最强的。所以夏天在森林中要比森林外凉爽。

冬天到来，森林外的风会比较大，散热也较快，人和动物身上的热量很容易被风带走，所以会感觉特别冷。森林能够使风速大大减小，在森林里自然会觉得暖和。而且，冬季树的光合作用和蒸腾作用的速率大大降低，有的处于休眠状态，这样植物体吸收的热量便减少很多。植物为了减少消耗，许多叶子都脱落了，只剩下树干和枝条，这样植物的反光作用减弱了，阳光可以直射进森林里面，森林的温度会因此增高。由于冬天光合作用减少，森林吸收二氧化碳的数量减少，因此森林中的气温比森林外要高。所以一到冬季，许多小动物都会躲到森林里生活。

有些植物为了能吸收更多的红外线，它们的叶绿素就会减少，而其他色素增多，叶子会变为红色，这样便能吸收更多的热量。

森林是覆盖大面积土地并以乔木为主体的植物群落。这些植物群落覆盖在全球大部分地区，对吸收二氧化碳、动物群落、水文湍流调节和巩固土壤起着重要作用，是构成地球生物圈当中的一个最重要的方面。它是地球上的基因库、碳储库、蓄水库和能源库，对维系整个地球的生态平衡起着至关重要的作用，是人类赖以生存和发展的资源和环境。森林中冬暖夏凉，对气候有重要的调节作用，因此人类有责任保护好森林。

**知识宝库**

　　绿色植物的"光合作用"可以美化环境，让我们的生存环境变得更美好。1971年第七届世界森林大会将每年的3月21日定为"世界森林日"，以引起各国对森林资源的重视。

# 月季的故乡在哪里

## PINDUBAIKE

▲月季适应性很强，耐旱耐寒，对土壤要求并不严格，但以富含有机质、排水良好的微带酸性沙壤土最佳。

月季又名胜春，属于蔷薇科、蔷薇属植物，是一种低矮落叶灌木，常具钩状皮刺。月季的花常常是很多朵簇生在一起，花有单瓣也有重瓣，花色繁多，有淡淡的香气。月季在中国栽培的

> **知识宝库**
>
> 大马士革玫瑰为食用玫瑰。玫瑰花香味纯正、产油量高，干燥加工可制作成玫瑰香茶，在众多食用、药用、保健、养颜花卉品种中最佳。

历史悠久，素有"花中皇后"之称。它喜欢温暖并且阳光充足的环境，同时也较耐寒，适应性强。月季一般在每年的5~11月开花，花朵连续绽放。月季花风姿绰约，色彩艳丽，香味浓郁，花期长，是世界最主要的切花和盆花之一。月季花种类主要有大花月季、小月季、藤蔓月季、丰花月季、变色月季、地被月季、月月红、切花玫瑰、食用玫瑰、微型月季、树状月季等。

如今，世界各地都能够看到月季的踪影，全世界

的月季品种已经达到一万多个，其中比较著名的有"和平"、"明星"等品系。近些年我国各地的公园、花圃、绿地等都陆续栽植了月季，这些月季大部分都是从国外引进的现代月季，人们又称其为洋月季。可是，如果追本溯源，中国月季应该是现代月季的祖先，中国则是世界月季的故乡。

在我国的花卉历史上，早在秦汉时代就有对月季

月季不但可布置花园、庭院，还可作盆景。
其花可提取香料，根、叶、花可入药。

月季花色艳丽，花朵常簇生。其品种万千，多
为重瓣，也有单瓣。花有微香，花期4~10月，春季
开花最多。

的记载。到明清时，月季日益普及，当时北京的花乡、丰台草桥就很盛行栽培月季。四季常开，花多、重瓣、芳香的月季花，仅生长在中国。

在19世纪初期，当时法国皇帝拿破仑的妻子约瑟芬是出了名的"玫瑰迷"，许多人为了讨好皇后，从世界各地为她收集名贵玫瑰。1789年，中国月季名种"中国朱红"、"中国粉"、"香水月季"、"中国黄色香水"等传入欧洲。当时，英法正在交战，为让中国月季安全驶过英吉利海峡，双方协议暂停交火，把中国月季安全运至法国。后与当地品种杂交后，培育成"杂交茶香玫瑰"，风靡欧洲。再后来，法国青年弗兰西斯，经过8年的努力，又培育出了新品种。1945年4月29日，人们为此花举行了隆重的命名仪式。这一天正好攻克柏林，为纪念反法西斯战争胜利，该花被命名为"和平"。从此，和平玫瑰代表着全世界人民的和平愿望，享誉全球。经过不断的杂交选育，现代月季形成了庞大品系。

可见，中国是世界月季的发源地，中国才是月季真正的故乡。

# 为什么从年轮上可以看出树木的年龄

PINDUBAIKE

树木都是比较长寿的。自然界中常有许多百年以上的大树，甚至有上千年的古树。要知道它们的年龄，乍一看，好像是件难事。但当人们了解了树木的生长特性以后，也就可以大体地说出一棵树的年龄来。"数年轮"就是一种很好的方法。

顾名思义，年轮就是树木茎干每年形成的圆圈。在树木茎干的韧皮部内侧，有一圈细胞生长特别活跃，分裂也极快，能够形成新的木材和韧皮组织，被称为形成层。可以说，树干的增粗全靠它的力量。这些细胞的生长情况，在不同的生长季节中有明显的差异。春天到夏天的天气是最适于树木生长的。因此，形成层的细胞分裂较快，生长迅速，所产生的细胞体积大，细胞壁薄，纤维较少，输送水分的导管数目多，称为春材或早材；到了秋天，由于形成层细胞的活动逐渐减弱，产生的细胞当然也不会很大，而且细胞壁厚，纤维较多，导管数目较少，叫做秋材或晚材。

选一段从大树树干锯下来的木头进行观察，你可以发现，原来树干是一圈圈构成的，而且每一圈的质地和颜色有所不同。通过以上的分析，我们就可以断定：质地疏松、颜色较淡的就是早材；质地紧密、颜色较深的就是晚材。早材和晚材合起来成为一个圆环，这是树木一年形成的，称为年轮。照理，年轮一年只有一圈，因此，根据树木年轮的圈数，我们就很容易知道一棵树的年龄了。但是，也有一些植物，如柑橘，年轮就不符合这种规律，我们称它为"假年轮"。因为它们一年能够有节奏地生长三次，形成三轮。因此，不能把它当成三年来计算。

年轮，可以说是树木年龄的可靠记录。

可是话说回来，年轮并不是了解树木年龄的唯一法宝，因为并不是所有树木的年龄，都可以用数年轮的办法来测知，只有温带地区的树木，年轮才较显著。热带地区的树木，由于气候季节性的变化不明显，形成层所产生的细胞也就没有什么差异，年轮往往不明显。因此，要想推算它的年龄也就比较困难了。

**知识宝库**

人们将树看成是"活档案"，树干里的年轮就是记录。它不仅可以说明树木本身的年龄，还能说明每年的降水量和温度变化。

### 年轮与地理

年轮与地理有关，很多科学家都利用年轮研究当地的气候状况，年轮还能够记录火山爆发，在有火山爆发的年份会在树木中形成霜轮。

### 年轮

如果将树横剖的话就能够看到一圈一圈的年轮，年轮不仅能够记录树木生长的年份，还能记录其生长时期的自然状况。

# 为什么盆景里的树会苍劲多姿
## PINDUBAIKE

走进上海植物园的盆景园,你会看到有些盆景里的老树桩已经活了几十年,甚至几百年了,但还是那么生机勃勃、青枝绿叶、苍劲多姿。为什么这些不到一米高的小树桩竟有这么大的生命力呢?

有些盆景里的树木并不是从小就生长在盆里的,它们原先多半生长在深山旷野中,有些树木地上部分的茎干被砍伐掉或腐朽而不存在了,但茎干基部上长期休眠的芽和地下部分仍然活着。园艺工人就利用这个特性,把那些别具风姿的树桩连同其地下部分采挖回来,加以修整,用合适的培养土栽好,精心培育。这样,休眠了很久的芽又恢复了活力,逐渐地抽枝发芽。然后,园艺工人把新生的嫩枝缠绕或弯曲成各种优美的姿态,再移入盆里,就成了千姿百态、苍劲有力的盆景。还有一种盆景中的树木是从小就生长在盆里,人工绑扎、修剪控制了它的生长,使它具有各种优美的形态。

从植株的形态来说,生长在盆里的树有的确实很小,但从它们那种苍劲的形态,可以看出它们的年龄不小,至少已活了几年、几十年,甚至几百年了。这是我国传统的园艺技术和栽培技巧使这些树木在盆里受控制地生长的缘故。

**知识宝库**

盆景是艺术美的创造,同山水画和山水园林有着极为相似的地方。盆景很重视抒情和写意。虽然师法造化,以自然为蓝本,但又不仅仅是单纯地摹拟自然景物。在创作上常常采取浪漫主义与现实主义相结合的艺术手法,以达到源于自然又高于自然的审美效果。

有些在盆里栽了多年的梅花，形成了苍劲的树干，能年年开花，但不让它成为大树，在园艺上称作"梅桩"。用梅桩来做盆景，还有一种技艺，就是把梅桩劈成两半，把半片梅桩栽在盆里，照样能年年开花，别具风韵，园艺上称作"壁梅"。

也许有人会问：树木被劈成了两半，为什么还能成活、开花？这是什么道理？

原来，树木是由韧皮部中的筛管输送养料、木质部中的导管输送水分的，如果把一棵树的皮剥光，养料的运送就会中断，这棵树就要死去。但是如果把一棵树劈成两半，每一半都完整地保存着根、茎、枝、叶的话，那么，每一半树木上的叶子所制造的养分仍然能通过韧皮部的筛管向下输送，而水分和无机盐也能通过木质部的导管向上输送。所以，这两半都能各自成活、开花，正常生长。

在花卉树木中，不仅梅桩能劈成两半，紫薇、石榴等同样也能劈成两半。根据这个道理，我们可以把各种花卉树木制成苍劲多姿的盆景。

# 植物移栽时为什么要除去一些叶子

一般情况下，人们在移栽植物，特别是移栽相对较大的植物时，通常都要除去一些叶子。这究竟是什么原因呢？

植物的叶子不停地进行蒸腾作用，把植物体内的水分散发到空气中。叶子的蒸腾作用有两种方式：一是通过角质层的蒸腾，叫做角质蒸腾。二是通过气孔的蒸腾，叫做气孔蒸腾，其中气孔蒸腾是植物蒸腾作用最主要的方式。植物的叶子里有很多绿色的小颗粒，叫叶绿素，它是叶子制造养料的原料。但光有叶绿素还不行，叶子还要用气孔从空气中吸收二氧化碳，吸收根和茎输送来的水，再依靠太阳光的帮助，制造出糖类，包括葡萄糖和淀粉，并释放出氧气。制造出的养料被输送到植物各部分器官，供植物生长使用。

植物的根也不断地从土壤中吸取水分和无机盐，供给植物生长。而移栽往往会造成根毛的损伤，甚至断裂。根毛少了，吸收的水分自然就少，不过植物的叶子仍然一刻不停地进行蒸腾作用，这些叶子是水分蒸发的场所。这样，植物的水分就会大量散失，植物体就会缺水，从而影响移栽的成活。而且，植物叶子较多的话，很容易受风的影响而使植物飘摇不定，这对新根的形成和水分的吸收也不利。除去一些叶子能使植物体水分的蒸发减少，使植物更易存活下去。

**知识宝库**

移栽植物时需要注意以下几点：一是尽量在植株幼小时进行移栽；二是最好在阴天傍晚移栽，降低植物的呼吸作用；三是移栽时需要去掉植物的一些叶子，减少蒸腾作用造成的水分散失；四是移栽时带上一些土，用以保护根部，确保成活率。

# 为什么有些花 在一天之内会变换出不同的颜色

PINDUBAIKE

大家都知道，植物的花有各种颜色，其中比较常见的是红色、蓝色、紫色。可是，你见过植物的花能在一天内会变换出不同的颜色吗？

植物的花在一天之内变换不同的颜色，这并不是人眼产生的错觉，而是真真切切存在的。这种能够在一天之内变换花朵颜色的花便是木芙蓉。木芙蓉一般在10~11月开花，它的花都是单生在枝顶叶腋里，花瓣近圆形，有皱褶，花大艳丽，雍容端庄，十分可爱。到木芙蓉开花的季节，在早上、中午和下午，认真观看它的花色就会发现，早上花刚开放时，花色是乳白色，到了中午变为粉红色，下午以后转为深红色，正如诗人所描绘的"晓妆如玉暮如霞"，好看极了。

为什么木芙蓉花的颜色在一天之内就会几经变化呢？要弄明白这一问题，我们要先从花为什么会呈现出红色、蓝色、紫色等美丽的颜色谈起。科学家研究

▼木芙蓉喜阳光，略微耐阴。稍忌干旱，耐水湿环境，在贫瘠的土地也能够生长。

发现：在花瓣细胞的细胞液里存在着一类叫做花青素的物质，花青素具有颜色。花青素的种类繁多，不同的花青素具有的颜色也不同，同一花青素的颜色有时也会有变化。这种变化主要受到花瓣细胞的细胞液的酸碱性的影响，当细胞液是酸性时花青素呈红色，细胞液是碱性时花青素呈蓝色。花的颜色，主要是由花青素显示出来的。而木芙蓉的花在一天里由于阳光照射和温度的变化，花瓣细胞液逐渐变呈酸性，使花青素逐渐变为红色，花瓣的颜色也就逐渐变成了红色。

# 竹子出笋以后为什么总长不粗呢

## PINDU BAIKE

春天的时候，我们把一棵细小的树苗种到土里，几年之后，它就会长成一棵参天大树。但是有一些植物，它们的幼苗长成高大的成体之后，其茎秆的直径却没有变化，还和幼苗的时候一样粗，竹子就属于这样的植物。那么，为什么竹子长大之后它的枝干还和幼苗的时候一样，没有变粗呢？

为了弄清这个问题，人们作了大量的研究。后来，人们终于找到了竹子从竹笋长成竹子而茎秆没有变粗的原因。要弄清楚这种现象的原因我们首先要了解一下被子植物和裸子植物。被子植物的种子外面有果皮包裹，我们根据种子的子叶数把被子植物分为

单子叶植物（种子含一片子叶）和双子叶植物（种子含两片子叶）。而裸子植物的种子是裸露的。单子叶植物的茎通常不能继续长粗，如竹子、玉米、水稻、小麦等；多年生的木本双子叶植物和裸子植物的茎会逐年增大，如香樟、桂花树、杉树、枫香松树等。有些植物能逐年长粗而有些植物长到一定时期就不再长粗，就是因为它们茎的结构不同。

从微观的角度研究，我们可以把双子叶植物、裸子植物、单子叶植物的茎切成很薄的片，然后制成切片，分别放在显微镜下观察，结果发现它们都具有表皮、皮层和维管束。维管束由木质部和韧皮部组成。木质部里有导管或管胞，这些导管或管胞能把根部吸收来的水分和矿物质运向茎和叶；韧皮部都具有筛管或筛胞，它们能把叶制造的营养物质通过茎运向根。裸子植

物和木本双子叶植物的木质部和韧皮部之间还有一层具有分裂能力的细胞，人们称之为形成层。每年的生长季节，形成层分裂得都很快，向内形成木质部，向外形成韧皮部。这样日复一日，年复一年，木质部越积越多。所以我们可以从这些树木茎秆的横切面上看出树木一年一年地长大了，也即所谓的年轮。而大多数单子叶植物的木质部与韧皮部之间都没有形成层。由于没有形成层，也就不能形成新的木质部和韧皮部，所以即使是生长几十年，它们的茎秆还是和幼苗的时候一样粗。如此我们就能够解释为什么从竹笋到长成竹子这一过程中直径没有变化的原因了。但竹子与一般的单子叶植物不同，竹子茎的机械组织特别发达，纤维细胞壁既厚又木质化，基本组织是厚壁组织，所以竹子很坚硬，可以和其他木材相媲美。

**知识宝库**

竹子为禾本科多年生木质化植物。竹枝秆挺拔，修长，亭亭玉立，四季青翠，凌霜傲雪，备受我国人民喜爱，有"梅兰竹菊"四君子之一和"梅松竹"岁寒三友之一等美称。竹子已经被贵阳市列为市树。

# 为什么说竹子 开花就意味着死亡
## P I N D U B A I K E

人们都说"桂林山水甲天下"。我国古代的文人墨客也对桂林有着别样的情怀："江作青罗带，山如碧玉簪"。漓江两岸如诗如画的自然风光吸引着八方游客，叫人流连忘返。岸边，那一丛丛四季常青、树影婆娑的凤尾竹，更是幽雅别致。但是让人们感到奇怪的是，一年四季，人们总能看到绚丽多姿的花儿争奇斗艳，却很少见到竹子开花。而一旦竹子开了花，也就意味着它的生命走到了尽头。

竹子是多年生的木质化植物，具有地上茎（竹竿）和地下茎（竹鞭）。通常情况下，竹叶通过光合作用所制造的养分是供应竹子竹竿长高、长粗、长枝叶及长根的，多余的养分便被输送

▲竹类喜欢生长在气候温暖温润，年降水量在1 000~2 000毫米，气温在12℃~22℃的地区。

到竹鞭。竹鞭上的芽萌发，在土中逐渐肥大，并不屈不挠地向上顶，出土后，就是鲜嫩的竹笋。它长大后又变成郁郁葱葱的竹子，如此往复繁衍。竹子一般要活十几年或几十年才会开花。但是，如果遇到特殊的不良环境，如干旱异常、严重的病虫害或营养不足等恶劣的环境，竹子便会提前开花。竹子开花时，竹叶制造的所有养分都用来开花、结籽。竹子倾其所有，把所有的精华都浓缩到了花和种子中。开花结籽之后，竹子中贮藏的养分也就耗光了，它也完成了自己光荣的使命，不久竹子就会绿叶凋零、枝干枯萎，然后慢慢地死去，而种子则孕育着新的希望。在环境条件适宜的时候，它可以再长出新的竹子来。所以，竹子开花就预示着它正走向死亡。

# 你见过**身体**在水中而花朵在水面的植物吗

## PINDU BAIKE

灵渠位于我国广西壮族自治区境内，是我国秦代秦始皇下令在今天广西兴安开凿的一条运河。灵渠连通湘江和漓江，把长江水系和珠江水系连接起来，是古代水上运输的重要通道。

随着时光的流逝，如今灵渠已别有一番风韵。灵渠之中清澈宁静的流水，倒映着两岸郁郁葱葱的绿柳。荡舟于灵渠的碧波之上，就会让你回顾起历史上一代帝王的飒爽英姿。于船头俯身下望，你就会发现，灵渠水底涌动着厚厚的"绿流"，原来是苦草满布了河底。条形的绿叶，像少女的长发，在清流中漂荡自如。再仔细一点，你还会看到，苦草的叶子并不是扁平的条形叶，而是线形叶；螺旋状细圆的花梗，像丝状的飘带，任凭流水冲击扶摇而上；花梗的上端生长着它并不显眼的花，始终开在水面上。也许你不太相信那是花，你可以采一朵下来，在螺旋状的花梗尾端，有稍微膨大的子房和细细的上位花瓣。但是，这仅仅是苦草的雌花，它的雄花花梗很短，长在叶子的叶腋里。

苦草和其他植物一样，也要靠雌雄传粉来繁衍后

代，它的这种特殊的生存方式是对水媒传粉的一种适应。由于苦草生在水底，传粉以水为媒，因而称水媒传粉。与叶一起生在水底的雄花，花粉成熟以后，散发出来，悬浮在水面。雌花必须始终浮在水面上，才能及时受粉，所以它有一条长长的像飘带一样的花梗。花梗呈螺旋状，是为了无论水涨水落，雌花始终都能浮在水面上。

# 为何菠萝去皮后要经盐水浸泡才能食用

PINDU BAIKE

艳凤梨有 30~50 片叶子，长约 50 厘米，宽约 3 厘米。叶正面绿色，背面灰绿色，边缘有乳黄色及淡红色条纹，花序呈卵圆形。

菠萝又被称为凤梨、地菠萝、草菠萝等，是原产于南美洲巴西、巴拉圭的亚马孙河流域一带的热带水果。菠萝口感甜美，但是没经过盐水浸泡的菠萝食用时会有一种麻痒、刺痛的感觉，这是为什么呢？

菠萝的果实含有丰富的挥发油、有机酸、糖类、氨基酸以及维生素等，同时还含有一种重要的水解蛋白酶——菠萝酶。菠萝酶能够水解蛋白质，当人的口腔、喉咙处的表皮细胞与菠萝酶接触时，便会发生蛋白质水解反应，所以人们在吃没经盐水浸泡的菠萝时，口腔、喉咙会觉得麻痒难忍。而盐水可以抑制菠萝酶的活性反应，所以经盐水浸泡后的菠萝其菠萝酶的活性大大降低，就不能与口腔上皮细胞蛋白质产生反应，也就不会有刺痛的感觉了。

其实，菠萝在未成熟的时候，果实中含有许多有机酸，成熟后虽然有机酸减少了很多，但仍然有一定含量的有机酸，吃起来会有一股酸味。菠萝经盐水的浸泡后，菠萝酶含量少了，有机酸也减少了，吃起来就会更加甜脆爽口。

菠萝酶能水解蛋白质，所以摄取一定量的菠萝酶可有助于体内蛋白质类食物的消化，如饭后吃一块菠萝既爽口

知识宝库

菠萝是多年生草本果树植物，生长周期短，在年平均气温 23℃以上的地区可终年生长。菠萝的果汁、果皮及茎所含有的菠萝酶能帮助蛋白质的消化，增进人的食欲。

又利于消化。但这类食物不能吃得过多,否则,较多的菠萝酶会对肠胃产生危害,使人容易患上肠胃疾病。人们可以利用菠萝酶水解蛋白质的特性,将菠萝与猪脚一起炖,猪脚的味道就会变得更加香甜美味了;将菠萝酶加入生面团中,可使面降解,生面团被软化后更易于加工,从而能提高面包与饼干的口感及品质。有的食品加工厂用菠萝提取菠萝酶,并将其进行多方面的开发利用,如制成食品添加剂,用于干酪素的凝结,用于对心血管疾病的防治等等。

在水果市场上,我们大都可以看到,菠萝可整个儿卖,也可以剥皮后切成小块泡在水中出售。泡在水里的菠萝小块尤为受欢迎,因为这样不仅食用方便,口感也容易让人接受,而且具有极高的营养价值,所以深得人们的喜爱。

菠萝皮中富含菠萝酶,有丰富的药用价值,长期食用菠萝皮,对抑制心脑血管、糖尿病的发病有一定效果。

在菠萝的顶部有一簇顶芽,其叶剑形丛生,呈莲座状,上面微凹,边缘具细刺,呈灰绿色。花序顶生,苞叶为绿色,花为蓝紫色。

# 哪种植物的果实被誉为"维生素之王"
## PINDUBAIKE

维生素是人体生命活动必需的有机物质，也是保持人体健康的重要活性物质。维生素在人体内的含量较少，但在人体生长、代谢、发育过程中却发挥着举足轻重的作用。医生会常常告诫人们，要多吃水果蔬菜，如苹果、梨、柑橘、番茄、辣椒等等，这是因为水果蔬菜中含有丰富的维生素。但是在这些水果蔬菜中，维生素含量又有怎样的差别呢？

随着绿色食品快步走入人们的生活，健康已成为人们首要关注的问题，并且人们将目光投向了天然的生态环境。于是许多野生水果进入了人们的视野。人们发现猕猴桃富含维生素C，且含量相当于柑橘的5~16倍，是苹果和梨的20~140倍，同时还含有维生素P以及许多氨基酸和矿物元素，因此被誉为"维生素之王"。于是，许多地方开始对猕猴桃进行大面积的人工栽培，使其形成一定的产量，出口销售。后来，人们发现沙棘的维生素C含量是猕猴桃的4~5倍，而且还含有丰富的维生素A和维生素P。所以猕猴桃的"维生素之王"的桂冠自然就被沙棘取代了。随着科技的不断发展，人们的视野逐渐开阔，人们又发现了许多维生素含量丰富的野生水果，如余甘子的维生素C含量比沙棘还要丰富。刺梨果实中，每100克鲜果维生素C的含量为1 300~2 700毫克，约含维生素

▲猕猴桃多汁味美，甜酸宜人，富含维生素。

人们都知道，蔬菜中含有丰富的维生素。其中莴苣、黄花菜、卷心菜、莱塞花等绿叶蔬菜是含维生素E比较多的蔬菜。

### 知识宝库

维生素缺乏会引发多种病症。缺乏维生素A会出现夜盲症、干眼病；缺乏维生素D可患佝偻病；缺乏维生素$B_1$易得脚气病等。

P6 000毫克。沙棘的维生素C含量与维生素P含量都在刺梨之下，所以，迄今为止，"维生素之王"的桂冠应该非刺梨莫属。

刺梨为蔷薇科落叶灌木，为野生小灌木，4~6月开粉红色、红色或深红色的花，夏花秋实。果实呈扁圆球形，直径2~4厘米，成熟时呈金黄色，果肉脆，成熟后有浓芳香味，果皮上密生软毛刺。刺梨不但维生素C含量极高，维生素E的含量也高于其他水果、蔬菜，可堪比蛋类、奶油等。刺梨的药用价值也很高，其花、叶、果、籽皆可入药，有健胃、消食、滋补、止泻等功效。尤其是刺梨富含超氧化物歧化酶，有抗病毒、抗辐射的功效，在心血管、消化系统和各种肿瘤疾病防治方面，都有十分广泛的应用。

但值得注意的是，刺梨和沙棘都是野生植物，果肉的丰富性和适口性方面不如猕猴桃，所以人工栽培基本上没有实施。不过，刺梨和沙棘都是野生分布非常普遍的植物，具有很强的适应能力，相信总有一天，"维生素之王"将以不同的形式走入人们的生活。

蔬菜中绝大多数绿叶菜都含有丰富的维生素C，而含维生素C最多的蔬菜当数西兰花。

除蔬菜外，水果中同样含有丰富的维生素。其中猕猴桃所含有的维生素C较多，同时因为猕猴桃美味可口，因而受到人们的喜爱。

# 为什么花生的果实结在地下，而花却开在地上

花生又称"落花生"，是双子叶植物纲中的一年生草本植物，同时也是主要的油料作物之一。但是与其他植物不同的是，花生是地上开花，地下结果的植物。你知道为什么会是这样吗？

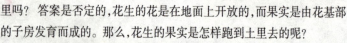

当花生开花结果后，地上的茎叶就会枯萎死亡。当收花生时，只要把整株已枯萎的花生植株拔起，就会看到花生果实破土而出！那么，花生的花也开在泥土里吗？答案是否定的，花生的花是在地面上开放的，而果实是由花基部的子房发育而成的。那么，花生的果实是怎样跑到土里去的呢？

首先来了解一下花生生长的全过程吧。花生的花开在地面的枝条上。当花生开花后，花粉就会落在柱头上完成受精过程，花便逐渐凋谢，子房柄开始生长，形成针状的果针。果针慢慢向地下伸长，最后直接伸入土里。紧接着，整个子房都进入土中，我们将这一生长过程叫做下针。那么，为什么花生的子房要进入土壤呢？这是由于花生喜欢在黑暗中结出果实，所以，其子房部位钻入土中是为了避光。那么，接下来花生的果实是怎样形成的呢？花生的果针进入土层一定深度后，就开始在土中横着生长，当土壤环境适宜时，子房就会变大，同时汲取了花柄运送来的营养物质，子房会将这些物质合成蛋白质、脂肪等，并且越积越多，膨大后形成了果实。花生的外面有厚厚的壳，里面有数颗或一颗胖胖的种子，这就是人们所吃的花生！

花生就是这样生长的。所以，只有把花生种植在松软、肥沃的沙质土壤中，才会大大地提高花生的产量。

## 知识宝库

花生的营养价值非常高，有助于延年益寿，所以又被称为"长生果"。花生的营养价值可以和鸡蛋、牛奶、肉类等一些动物性食物相媲美。它含有丰富的蛋白质和脂肪，不饱和脂肪酸的含量尤其高，很适宜制作各种营养食品。

# 哪种植物的种子最大，哪种植物的种子最小
## PINDU BAIKE

种子是种子植物所特有的繁殖器官，是由胚珠发育而来的。凡是由胚珠发育形成的种子才是真正的种子，如棉花、菜豆、油菜、茶和桑树的种子。种子从播种、萌发，经过一定的生长发育阶段便开花、结果，产生新的种子的过程，称为种子植物的生活周期。

一开始，植物并没有种子，大约在 1.5~5 亿年后植物界中的第一颗种子才诞生。种子是种子植物的繁殖器官，自从有了种子，植物适应环境的能力更强了，它们几乎遍布地球的每一个角落。然而，不同的环境使植物的形态发生了很大的变化，种子的形状也是各种各样、大小不一。

人们常见的种子有许多种，那么，植物界中哪种植物的种子最大，哪种植物的种子最小呢？

棕榈科复椰子的种子是所有种子中最大的。它大多分布在非洲东部印度洋中的塞舌尔群岛上，特别在马尔代夫群岛上最多，人们又把它称为"马尔代夫椰子"。因为种子中央有个沟，好像两个椰子合起来一样，所以它又名"复椰子"。棕榈科复椰子的种子长达 50 厘米，重 15 千克。复椰子树从授粉结到成熟需要 13 年，而种子发芽期一般要达到 3 年。复椰子树的种子与其他椰子树的种子形态一样，但比其他椰子树的种子大。种子的外面是果皮，果皮分三层，外果皮像皮革一样不透水，中果皮为纤维质，内果皮骨质，种子只一颗，胚乳内含有丰富的汁液。由于中果

**植物种子的大小**

种子大的植物，其体内储存的养料比较多，利于幼苗成长。同种植物中，种子越大，养料越多，越有可能发育出苗壮高大的幼苗。

**植物种子的个数**

种子的个数取决于胚珠，果实的个数取决于子房。如豌豆有多个胚珠就有多个种子，桃子只有一个胚珠就只有一个种子。

**广泛用途**

椰子的用途十分广泛，它具有丰富的维生素C、钙、钾等营养物质，对治疗胃肠炎有很好的疗效。

皮为纤维质,密度很小,所以它们可以"漂洋过海",找到适合自己的地方,在那儿"安家落户",因此,它们多生长于海岛。

　　秋海棠科的四季海棠的种子比人们见过的很小的芝麻种子要小 400～1 000 倍,重量只有 5 毫克。有许多人都认为秋海棠科的四季海棠的种子是小种子冠军,可是还有比四季海棠种子还要小的种子,那就是斑叶兰的种子,200 万粒斑叶兰的种子只有 1 克重,8 000 粒斑叶兰种子才有一颗芝麻粒重,只有放在显微镜下才可以看清它的真面目。所以说,种子中最小、最轻的当数斑叶兰的种子。

# 为什么香蕉和柿子成熟后不能立刻食用

**PINDUBAIKE**

　　香蕉和柿子是市场上常见的水果，而且吃起来口感香甜美味。但是如果你来到果园，亲手从树上摘下香蕉或柿子来吃，一种强烈的酸涩感会让你难以忍受。也许你会感觉非常奇怪，为什么它们的味道和在市场上买来的相差甚远呢？如果用刀子在香蕉或柿子上划一下，过一会儿，刀口上就会出现黑褐色的东西，这种东西叫做"单宁"。单宁是一种藏在果肉细胞里的物质，酸涩的口感就是单宁在"作怪"。

　　香蕉和柿子的果实里含有大量单宁细胞，而且随着果实的增大，单宁细胞也会随之膨大。不同品种的水果中单宁细胞的含量也不同。有的水果含量多，有的含量少，有些水果能够自行脱涩，而有些则无法自行脱涩。柿子的品种中就有甜涩之分，甜柿子的果实成熟后，会自行脱涩，从树上摘下后便可食用；而涩柿子的果实成熟后，无法自行脱涩，这就需要通过人工脱涩处理后才能吃。但是，成熟后的甜柿子和经脱涩处理后的涩柿子，涩味都跑到哪里去了呢？难道是单宁都消失了吗？当然不是。

　　果实的涩与不涩和单宁细胞中的单宁性质有关。单宁分为可溶性和不溶性两种。可溶性的单宁果实就涩，不溶性的单宁果实就不涩。一般果实在成熟后，单宁都可以由可溶性转化为不溶性。而且通过人工处理的方式也可以促使果实内的可溶性单宁转化为不溶性单宁，这一处理过程就叫做脱涩。没经过脱涩，或者脱涩处理的时间掌握不好，所吃的果实就会涩味很重，这就是为什么香蕉和柿子在树上成熟后还不能马上食用的原因。

> **知识宝库**
> 　　西红柿最忌空腹食用，空腹吃西红柿易患胃柿石症，食用西红柿时应尽量少食柿皮，宜在饭后食用。

◀香蕉的果实中富含无机盐和一些维生素。此外，它还具有药用价值，香蕉果实是低脂肪、低胆固醇和低盐的食物，其中钠的含量很少，而每100克果肉中含400毫克的钾。

# 为什么从松树里能提取出松香

PINDUBAIKE

日常生活中，我们常常要跟松香和从松香中提炼出来的松节油打交道。如果你走路或打球时不小心伤了筋，医生就会给你擦些松节油，帮助血脉流通；演奏胡琴的时候，用松香抹抹琴弦，会增加乐器的声响；印刷用的油墨和各种油漆，都掺有松节油。松脂（包括松节油、松香和其他化学成分）还是一些工业产品的重要原料。

但也许你想不到：这种珍贵的工业原料，却是从松树里提取的。

松树的根、茎和叶子里面，有许许多多细小的管道，这是它们在生长过程中所形成的细胞间隙。这些管道衔接起来，组成了一个纵横交错、贯穿整个身体的完整的管道系统，叫做

树脂道。这些树脂道，都是由一层特殊的分泌细胞围合起来的。分泌细胞在松树的生理代谢过程中能够制造松脂，并不断地输送到管道里储藏起来。每当松树受伤害时，松脂就会从管道里流出，很快地把伤口封闭起来。松脂中有些物质，还能挥发到空气中，杀死有害病菌，减少树木病害的发生。可以说，松树产生松脂实际上是它的一种保护机能。

**知识宝库**

松树最明显的特征是叶成针状，常2针、3针或5针一束。如油松、马尾松、黄山松的叶2针一束，白皮松的叶3针一束，红松、华山松、五针松的叶5针一束。

# 为什么森林可以调节气候
## PINDU BAIKE

人们常说,森林是天然的蓄水库、气候的调节器,也是保持水土的卫士。

有了森林,地面就不怕风吹水冲,水土不易流失。大风遇到防护林带,风力就会变小;暴雨碰到了森林,力量也会大大减弱,因为雨水沿着树干慢慢地流到地上,被枯枝落叶、草根树皮堵截,就不会迅速流走,而是慢慢渗透到地下去。在少雨的季节里,这些储藏在地下的水,一部分汇成清流流出林地滋养农田,一部分经过树根的吸收、树叶的蒸腾,回到空中,又变成雨,再落下来。据计算,每 0.01 平方千米森林,在一昼夜间输送到空中的水汽,约为几千千克至一万千克。所以,林区的空气湿度一般比无林区要高,雨量也比无林区要丰富些。

森林还能使气温相对恒定。当地面有森林覆盖的时候,地面就不会受到太阳的暴晒,而且大量水分的蒸腾,会吸收周围的热量,可降低气温。所以,森林中夏季的气温一般要比当地城市低好

▲森林与所在空间的非生物环境有机地结合在一起,构成完整的生态系统。森林是地球上最大的陆地生态系统,是全球生物圈中最重要的一环。

几度;而林内地面的温度要比马路表面低十几度之多。又因为森林像伞一样遮盖着下面的土地,使森林里的热量不会一下子散发到空中去而迅速地降低温度,所以,当无林区很冷的时候,森林里仍然很暖和。

许多国家的实践表明:当一个国家森林覆盖占全国总面积的 30% 以上,而且分布均匀时,就不会发生较大的风沙、旱涝等自然灾害。

森林能够调节气候,也能保持水土,所以,植树造林是一项很重要的任务。而且,护林同样重要,如果任意破坏森林,必然会遭到大自然的惩罚。

**知识宝库**

森林有很多美誉。它被人们冠以"人类文化的摇篮"、"大自然的装饰美化师"、"生命的资源"、"野生动植物的栖殖场"、"金色的宝库"等美称。

# 向日葵的花为何总是跟着太阳转

P I N D U B A I K E

向日葵又叫葵花、朝阳花。人们通常所指的花盘并不是一朵花，而是一个花序，即头状花序。它是由短缩肥厚的花轴和密布其上的小花组成的。向日葵有个特点：花盘总是跟着太阳转动。向日葵长着硕大的金黄色花盘，它和太阳就像亲密无间的朋友，白天总是跟着太阳转，向日葵因此得名。那么，为何向日葵会跟着太阳转呢？

植物所具有的向着光的方向弯曲的能力，叫向光性。向光性又分为正向光性（如胚芽鞘尖端）、负向光性（如根）和横向光性（如叶）三种。植物感受光的部位分别是茎尖、根尖、胚芽鞘尖端、某些叶片或正在生长中的茎。光受体则是细胞质膜上一种叫核黄素的物质。它吸收光后，产生两种相反的效应。

一方面，促进物质生长的生长素分布不均匀。如果用单侧光来照射玉米的胚芽鞘，稍后，

*在向日葵花盘的四周分布着舌状花。它的颜色有橙黄、淡黄和紫红色等，能够引诱昆虫前来采蜜授粉。*

用仪器测定会发现，胚芽鞘向光、背光侧所带的电荷不同。向光一侧带负电，背光一侧带正电，而弱酸性的生长素离子带负电，受异性电荷的吸引，它向带正电的背光一侧移动。还有，在向光的一侧，生长素容易被光氧化和破坏，导致含量减少。这样，背光一侧生长素含量高于向光的一侧，所以生长素分布不均匀。较高浓度的生长素可以促进细胞的生长，背光一侧细胞生长速度比向光一侧的要快。最后，胚芽鞘向光弯曲生长。也就是说，向日葵的叶子也朝着阳光的方向弯曲，使叶片与阳光垂直，更有效地进行光合作用。

另一方面，则是抑制生长的物质分布不均

**知识宝库**

葵花子有驱除蛔虫、治疗痢疾的功效。其盘能够清热化痰和凉血止血，对头痛、头晕等有很好的疗效。其茎叶能够清肝明目，疏风清热。其茎髓能够健脾、利湿、止带。其根能够清热利湿，行气止痛。其花能够清热解毒，消肿止痛。由此可见，向日葵浑身上下都是宝。

匀。用单侧光照射向日葵下胚轴后发现，下胚轴向光一侧抑制生长的物质如萝卜宁等含量高于背光一侧。因为向光一侧细胞生长受到抑制，背光一侧细胞生长快，生长不均匀，所以下胚轴向光弯曲。

向日葵通过巧妙地向光弯曲追踪太阳，能够最大限度地接受光照，生产出更多的养料。所以说向日葵生长健壮，籽实累累。

*向日葵的果实叫瘦果，人们习惯称之为种子，也就是葵花子。果实由果皮、种皮、子叶和胚四部分组成。*

*在舌状花的内侧分布着管状花，是两性花。它花冠的颜色有黄、暗褐、紫色等。*

ⓒ 崔钟雷 2011

**图书在版编目(CIP)数据**

神奇世界全知道. 动物奥秘、植物王国 / 崔钟雷编. —
沈阳：万卷出版公司，2011.11（2019.6重印）
（品读百科）
ISBN 978-7-5470-1782-1

Ⅰ. ①神… Ⅱ. ①崔… Ⅲ. ①科学知识–少儿读物②
动物–少儿读物③植物–少儿读物 Ⅳ. ①Z228.1

中国版本图书馆 CIP 数据核字（2011）第 217070 号

品 读 百 科

出版发行：北方联合出版传媒（集团）股份有限公司
　　　　　万卷出版公司
　　　　　（地址：沈阳市和平区十一纬路 29 号 邮编：110003）
印 刷 者：北京一鑫印务有限责任公司
经 销 者：全国新华书店
开　　本：690mm×960mm　1/16
字　　数：100 千字
印　　张：7
出版时间：2011 年 11 月第 1 版
印刷时间：2019 年 6 月第 3 次印刷
责任编辑：邢和明
策　　划：钟 雷
装帧设计：稻草人工作室
主　　编：崔钟雷
副 主 编：刘志远　黄春凯　翟羽朦
ISBN 978-7-5470-1782-1
定　　价：29.80 元

联系电话：024-23284090
邮购热线：024-23284050/23284627
传　　真：024-23284448
E–mail：vpc_tougao@163.com
网　　址：http://www.chinavpc.com

常年法律顾问：李福